V 26/8/2

25211

DISSERTATION
SUR
LE CHANT GREGORIEN.

DEDIE'E AU ROY.

Par le Sr NIVERS, Organiste de la Chapelle du Roy, & Maistre de la Musique de la Reyne.

Eructavit cor meum verbum bonum : dico ego opera mea Regi. Psal. 44.

A PARIS,
Aux dépens de l'Autheur.

M. DC. LXXXIII.
Avec Approbation & Privilege du Roy.

AU ROY.

IRE,

Le zele que Voſtre Majeſté fait paroiſtre pour la gloire des Autels, & pour tout ce qui regarde le Culte divin, me donne la hardieſſe de

ã ij

EPISTRE.

luy presenter cet Ouvrage; où j'ay tasché d'expliquer les Antiquitez & l'Excellence du Chant Gregorien, qui fut introduit par les Roys Pepin & Charlemagne vos Augustes Predecesseurs dans toutes les Eglises de France; & dont l'usage se conserve aux sacrez Offices de vostre Chapelle. Heureux si je puis contribuer quelque chose à la décence du Chant Ecclesiastique; c'est tout mon dessein, qui ne peut manquer de succés si Vostre Majesté veut bien l'honnorer de sa protection. Les graces que j'ay receuës de vostre bonté, SIRE, me font esperer celle-cy avec dautant plus de confiance, que j'ay l'honneur de servir à cet Office divin, qui se celebre en presence de Vostre Majesté avec autant de pieté que de magnificence. Dans cette

EPISTRE.

pensée j'ose mettre à vos pieds ce petit Livre, & fais toute ma gloire d'estre avec un tres-profond respect,

SIRE,

De Vostre Majesté,

Le tres-humble, tres-obeïssant, & tres-fidele serviteur & sujet, NIVERS.

PREFACE.

Paral. 1.
Cap. 17.

DAVID ayant dessein de bâtir un Temple où Dieu fust adoré des hommes avec tout le respect & toute la magnificence possible, n'épargna rien qui pust contribuer à la beauté d'un si pompeux Edifice : ce Prince fit venir des lieux du monde les plus éloignez toutes les choses necessaires pour la perfection de cet Ouvrage. Mais entre celles qu'il crût davantage orner le Culte divin, il ordonna que pendant que l'on offriroit à la Majesté suprême les Victimes & les Sacrifices, un grand nombre de Chantres & de Musiciens accompagnez de toutes sortes d'instrumens feroient retentir ses loüanges, pour exciter les peuples à la veneration deüe à ce lieu sacré où Dieu daignoit habiter, & pour le loüer tous ensemble par l'union des cœurs & des voix dans une juste harmonie. Avec combien plus de justice devons-nous faire tous nos efforts pour le loüer dans nos Eglises d'une maniere plus convenable &

Ibid. c. 23
Electi
sunt qua-
tuor mil-
lia Psal-
te canen-
tes Do-
mino.

PREFACE.

plus respectueuse, estant persuadez par la foy que nous y possedons non plus la figure dans les Sacrifices sanglans des Victimes, mais la realité du Sacrifice auguste & non sanglant de nos Autels, ou ce Dieu si terrible autrefois, a bien voulu s'abbaisser pour demeurer parmy nous jusqu'à la consommation des siecles.

C'est dans cette veüe que les premiers Pasteurs de l'Eglise ordonnerent le Chant des Pseaumes, des Hymnes, & des Cantiques. Une infinité de Passages des Oeuvres de S. Ambroise & de S. Augustin, monstrent en quelle estime il estoit dés ce temps-là. Ensuite les Souverains Pontifes en firent des Decrets solennels. Entre lesquels S. Gregoire le reforma & le mit en meilleur estat qu'il n'estoit auparavant. Mais bien-tost aprés le Chant Gregorien ou Romain ayant esté communiqué, & s'estant répandu presque dans toutes les Eglises des Diocêses & des Ordres Religieux, un chacun y voulut mettre du sien, & le changer ou corriger à sa fantaisie: & mesme à Rome par succession de temps le mesme Chant Gregorien fut corrompu en quelques parties, soit par l'ignorance des Correcteurs, soit par l'inexactitude des Escrivains ou Imprimeurs; quoy que neantmoins il y soit resté le plus pur & le plus correct de tous. Il est vray que le

PREFACE.

Chant dans plusieurs Eglises, & mesme à Rome, fut corrigé à plusieurs fois & en differens temps, mais non pas entierement, ny avec toutes les précautions necessaires. Toutes ces choses seront examinées dans la suite avec soin.

Je ne parle aucunement des Eglises ou Dioceses qui ont des Breviaires particuliers & differens du Romain : je sçay que le Chant des plus considerables y a esté corrigé avec toutes les Authoritez legitimes & ordinaires ; que mesme les Offices propres y ont esté modulez à la maniere & dans l'Esprit du Gregorien. C'est pourquoy je reconnois en ces Lieux le veritable Chant Gregorien, quoy qu'il y ait diverses manieres & differentes modulations : car il est vray de dire que chaque Eglise a ses coustumes & ses usages. *Considerari oportet, quod in divino* Durandus De Offic. in Prœmio. *cultû multiplicis ritus varietas reperitur. Vnaquæque ferè namque Ecclesia proprias habet observantias. Nec censetur reprehensibile Deum & sanctos ejus variis concentibus seu Modulationibus atque diversis observantiis venerari; cum & ipsa Ecclesia triumphans secundùm Prophetam circumdata sit varietate.*

Mon dessein est purement de considerer le Chant Romain, comme la source de tous les autres qui en sont emanez, & qui portent le nom de Gregorien. Voicy donc la

PREFACE.

fin de cet ouvrage, 1. de monstrer l'Excellence du Chant Gregorien; 2. d'exposer les abus qui s'y sont glissez; 3. de produire les Regles & les raisons principales des Corrections qui s'y sont faites en plusieurs Lieux avec les Authoritez necessaires: pour enfin conclure que le Chant Gregorien (purgé de ces erreurs) est le plus authentique & le plus considerable de tous les Chants Ecclesiastiques.

Ce n'est pas que je veüille par là blasmer les autres Chants composez de quelques Eglises particulieres: je sçay qu'il y en a de tres beaux, capables d'exciter la devotion dans le cœur des fideles, & ainsi qu'ils sont tres-utiles, pourveu qu'ils soient approuvez & legitimement authorisez. Mais je reviens toujours à ma premiere proposition, & je m'en tiens au Gregorien, parce qu'il est le plus dans l'Esprit de l'Eglise, conformément aux sacrez Canons, & aux sentimens des saints Peres. J'ose à ce propos me servir de ces belles paroles d'Yves de Chartres, qu'il dit en une occasion bien plus importante que celle-cy, *Dicent forsitan fortiores* [Epist. 171.] *fortiora, meliores meliora, nos pro mediocritate nostra sic sentimus, non legem in talibus præscribentes.* Ce n'est pas aussi par un esprit de critique, Dieu sçait la forte inclination que j'ay eüe toute ma vie pour le Chant Gre-

PREFACE.

gorien, à quoy ma profession m'a engagé, & à la Composition de Musique purement Ecclesiastique. *In cœlo est testis meus, & conscius meus in excelsis, quod magis voce dolentis quam docentis eloquar; Nec ignoro non omnibus placituram esse querimoniam dolentis, aut zelum arguentis, quia veritas odium parit.* Quoy qu'il en soit, tout mon but est de contribuer quelque chose, autant que mon zele & ma profession le peuvent permettre, à la décence du Chant Ecclesiastique, dans l'esprit de ce grand Roy Prophete qui nous en a donné les plus beaux sujets; & que les saints Peres & les plus excellens interpretes nous ont merveilleusement expliqué, particulierement le Cardinal Bellarmin dans ce passage; *Psallite sapienter, id est consideratè, ut nulla in re fiat error.*

Job. 16.
Ex Bibl. PP. de sermone Justi Abbatis.

In explic. Psal. 46.

TABLE
DES CHAPITRES
& Matieres.

Chap. I. DE l'origine, & de l'excellence du Chant Gregorien. page 1

Chap. II. De l'utilité du Chant de l'Eglise, & de ses effets. 7

Chap. III. Contre les Heretiques & tous ceux qui blasment le Chant de l'Eglise. 9

Chap. IV. Que le Chant Gregorien ou Romain, ayant esté communiqué, & s'estant répandu dans toutes les Eglises des Diocèses & des Ordres Religieux, a esté changé & corrompu en plusieurs parties. 30

Chap. V. Que le Chant Romain, ou le Chant Gregorien mesme à Rome, a esté corrompu en quelques parties, quoy que neantmoins il y soit resté le plus pur & le plus correct de tous. 40

Chap. VI. De la facilité qu'il y avoit de corrompre le Chant Gregorien, & de la necessité qu'il y a de le corriger. 42

Chap. VII. Des abus qui se sont glissez dans la maniere de chanter le Pleinchant. 51

Chap. VIII. Des abus commis au Chant Gregorien dans plusieurs parties de l'Office di-

Table des Chapitres, &c.

vin, contre les Regles de la science, prouvez par les termes de l'Epiſtre de ſaint Bernard, conformément aux meſmes Regles. 60

CHAP. IX. *Du nombre, des figures, & de l'uſage des Caracteres du Pleinchant.* 66

CHAP. X. *De la quantité des Notes* 70

CHAP. XI. *Du commencement de l'Office divin.* 103

CHAP. XII. *Des Antiennes. Où il eſt traité à fond des huit Tons de l'Egliſe.* 104

CHAP. XIII. *Des Pſeaumes. Où il eſt traité à fond de leurs Terminaiſons differentes & ſpecifiques ſelon les huit Tons du Chant Gregorien.* 122

CHAP. XIV. *Des Capitules & des Reſpons.* 135

CHAP. XV. *Des Hymnes.* 137

CHAP. XVI. *Des Cantiques.* 143

CHAP. XVII. *Des autres Parties de l'Office divin.* 144

CHAP. dernier. *Concluſion de cet Ouvrage. Que le Chant Gregorien eſt le plus authentique, & le plus conſiderable de tous les Chants Eccleſiaſtiques.* 146

INDEX

RERUM QUÆ AD CALCEM hujus operis apponuntur.

Formula Cantûs Ordinarij Officij divini.	153
Ad Missam, Orationum formula.	153
Flectamus genua. Levate.	154
Formula Prophetiarum.	154
Epistolæ formula.	156
Evangelij formula.	162
De Præfatione.	165
Humiliate capita vestra Deo.	165
Ad Matutinum, Domine labia mea aperies.	165
Ad Officium, Deus in adjutorium meum intende.	166
Ad Completorium, Converte nos Deus.	166
De Benedictionibus, Absolutionibus, & Capitulis.	167
De Lectionibus.	168
De Versiculis.	168
De Precibus, & Orationibus.	169
Pater noster.	170
De Martyrologio.	171
Ad horas ℣. Exurge Christe.	171
Benedicamus Domino.	171
Fidelium animæ.	171
Pro Defunctis ℣. A porta inferi.	172

INDEX.

Tractatus de Modis canendi Psalmos & Cantica, secundum octo Cantûs Gregoriani Tonos.	173
Tabula Tonorum. Primi Toni.	175
Secundi Toni.	179
Tertij Toni.	181
Quarti Toni.	183
Quinti Toni.	184
Sexti Toni.	185
Septimi Toni.	186
Octavi Toni.	187

CANTUS ECCLESIASTICI.

Litaniæ de sanctissimo Sacramento.	189
Litaniæ de sanctissimo Nomine Jesu.	194
Litaniæ de B. Virgine Maria. 1. Cantus.	199
Litaniæ de B. Virgine Maria. 2. Cantus.	203
Litaniæ de B. Virgine Maria. 3. Cantus.	204
Litaniæ de B. Virgine Maria. 4. Cantus.	208
Stabat Mater dolorosa.	209
Alma Redemptoris mater.	211
Ave Regina Cœlorum.	212
Regina cœli lætare.	212
Salve Regina.	213
Antiphona de sanctissimo Sacramento.	214
Antiphona B. Mariæ Virginis.	215
Domine salvum fac Regem.	216

APPROBATIONS.

Nous soussignez Docteurs en Theologie de la Faculté de Paris, certifions avoir leu le Livre intitulé, *Dissertation sur le Chant Gregorien par Mr Nivers Maistre de la Musique de la Reyne & Organiste de la Chapelle du Roy*, dans lequel nous n'avons rien trouvé qui ne soit conforme à la Doctrine Catholique, Apostolique & Romaine, en foy de quoy nous avons signé A Paris ce 9. Juin. 1682.

Le Feuvre
Docteur & Professeur
en Theologie.

Duverdier
Docteur de Sorbonne
& Doyen d'Angoulême.

Nos infra scripti, Henricus Du Mont Abbas Syliaci, & Petrus Robert Abbas sancti Petri Melodunensis, Christianissimi Regis Capellæ Musices Prefecti, notum certumque facimus Antiphonarium & Graduale Cantûs Ecclesiastici, operâ & studio Guillelmi Gabrielis Nivers ejusdem Capellæ Regis Organistæ, nec non Reginæ Musices Prefectæ correcta & concinnata, vere substantiam Cantûs Gregoriani decenter ac ritè modulatam omnino continere : In cujus rei fidem subscripsimus. Datum Parisiis ultima die Martii. Anno gratiæ. 1682.

H. DU MONT.   ROBERT.

Extrait du Privilege du Roy.

PAR Lettres Patentes de sa Majesté données à Fontainebleau le dernier jour d'Aoust 1678. Signées LOUIS, & plus bas, par le Roy PHELIPEAUX, scellées du grand sceau, verifiées & Regiftrées en Parlement par Arrest du 15. Juillet 1679. Signé JACQUES suivant les Conclusions de Monsieur le Procureur General, & les Avis de Messieurs le Lieutenant General de Police & les Procureurs du Roy au Chastelet de Paris ; Il est permis à G. G. NIVERS Organiste de la Chapelle du Roy, & Maistre de la Musique de la Reyne, de faire imprimer toutes ses Oeuvres qui regardent la Musique & le Pleinchant de l'Eglise, par tels Imprimeurs qu'il voudra choisir, les vendre & debiter par luy, ou par autre de luy ayant pouvoir qu'il trouvera bon, & cependant le temps de trente années consecutives, à commencer du jour que chacun desdits Ouvrages sera imprimé pour la premiere fois. Et deffenses sont faites à tous autres de faire imprimer, vendre & debiter lesdites Oeuures, ou partie d'icelles, ou d'en extraire aucune chose en quelque sorte & maniere & sous quelque pretexte que ce soit, mesme d'impression estrangere, sans le consentement exprés dudit Auteur, à peine de trois mil livres d'amende, confiscation des Exemplaires ou contrefaits, & de tous despens, dommages & interests. Sa Majesté voulant qu'en mettant au commencement ou à la fin de chaque Livre, les presentes ou l'Extrait, elles soient tenues pour deuëment signifiées, & que foy y soit adjoutée comme à l'Original, nonobstant oppositions ou appellations quelconques, & toutes Lettres à ce contraires.

Et ledit Sieur NIVERS a choisi C. JOURNEL, & C BALLARD Maistres Imprimeurs à Paris, pour imprimer son LIvre intitulé, *Dissertation sur le Chant Gregorien.*

Cette Edition achevée le 8. May 1683.

DISSERTATION

DISSERTATION SUR LE CHANT GREGORIEN.

CHAPITRE PREMIER.

De l'Origine, & de l'Excellence du Chant Gregorien.

L'Antiquité du Chant de l'Eglise se voit manifestement dans l'Escriture par ces paroles de S. Paul aux Ephesiens, *Loquentes vobismetipsis in Psalmis, & Hymnis, & Canticis spiritualibus, cantantes & psallentes in cordibus vestris Domino.* Et l'usage en a esté si recommandable dans la primitive Eglise, que les Pasteurs & les Peres de ces premiers siecles en ont parlé dans leurs Ouvrages avec des eloges & des ravissemens ineffables, témoin S. Augustin dans ses Confessions, *Quantum flevi in hymnis & canticis suavè sonantis Ecclesiæ.* Mais entre les souverains Pontifes qui l'ont ordonné, & reglé pour le Service divin, le grand S. Gregoire l'ayant corrigé, & reformé selon les Re-

cap. 5.

Lib. 9. cap. 6.

gles de la melodie, qu'il n'ignoroit pas sans doute, & l'ayant reduit en meilleur ordre qu'il n'estoit auparavant ; ce mesme Chant du depuis appellé Chant Gregorien, tire son excellence non seulement des autoritez precedentes, mais encore des Conciles & des Peres qui l'ont suivy ; & dont je raporteray fidelement les témoignages & les passages les plus autentiques sur ce sujet, dans toute la suite de cet Ouvrage.

1. Dans la vie de ce grand Pape, écrite par Jean Diacre de la sainte Eglise Romaine. *Gregorius in domo Domini, more sapientissimi Salomonis, propter musicæ compunctionem dulcedinis, Antiphonarium centonem cantorum studiosissimus nimis utiliter compilavit, scholam quoque cantorum, quæ hactenus eisdem institutionibus in sancta Romana Ecclesia modulatur, constituit: eique cum nonnullis prædiis duo habitacula, scilicet alterum sub gradibus Basilicæ beati Petri Apostoli, alterum vero sub Lateranensis Patriarchii domibus fabricavit: ubi usque hodie lectus ejus, in quo recubans modulabatur, & flagellum ipsius, quo pueris minabatur, veneratione congrua cum authentico Antiphonario reservatur: quæ videlicet loca per præcepti seriem sub interpositione anathematis ob ministerii quotidiani utrobique gratiam subdivisit.*

Lib. 2. cap. 6.

2. Dans les Oeuvres de S. Gregoire, Sigebert raporte ainsi de ce grand Pape : *Antiphonarium regulari musica modulatione centonizavit, & scholas cantorum in Romana Ecclesia constituit.*

Tom I.

3. S. Elrede, *speculo charitatis. Modum cantandi Spiritus sanctus per organa sua, Augustinum videlicet, Ambrosium, maximeque Gregorium instituit.*

Lib. 2. cap. 23.

4. Durand, *de Officiis*. *In primitiva Ecclesia diversi diversa quisque pro suo velle cantabant, dummodo quod cantabant, ad Dei laudem pertineret. Quædam tamen officia observabantur ab omnibus ab initio constituta, vel ab ipso Christo, ut oratio dominica: vel ab Apostolis, ut symbolus. Succedentibus vero temporibus, quia Ecclesia Dei propter hæreses scissa est, Theodosius Imperator, hæreticorum extirpator, rogavit Damasum Papam, ut per aliquem prudentem & catholicum virum ecclesiasticum faceret Officium ordinari. Unde idem Papa præcepit Hyeronimo presbitero, quod ille obtemperans fecit. Itaque Psalmos, Evangelia, Epistolas, &c. quæ de novo & veteri testamento in Ecclesia leguntur, præter Cantum, magna ex parte ordinavit. Consequenter tamen beatus Gregorius & Gelasius, orationes & Cantus addiderunt; & Lectionibus & Evangeliis Responsoria coaptaverunt. Plerique quoque alii Doctores Ecclesiæ aliqua alia superaddidisse noscuntur. Sancti enim Patres non simul omnia ad decorem Officii pertinentia, sed diversi diversis temporibus ordinaverunt.* Lib. 5. cap. 2.

5. Baronius, *Paulus admonens Colossenses*, ait: *Verbum Christi habitet in vobis abundanter, in omni sapientia, docentes & commonentes vosmetipsos in psalmis, hymnis, & canticis spiritualibus, in gratia cantantes in cordibus vestris Deo. Ephesios quoque iisdem fere verbis, scripta ad eos epistola, alloquens, ad hæc eadem facienda est vehementer hortatus: quibus Apostolus ecclesiastici cantus formam præscribit: nimirum* ut in gratia, quod ait, cantarent Domino in cordibus suis; *scilicet ut musicos modulos cordis chorda concinerent. Illud enim cantare in cordibus dicit, ut interpretes omnes elu-* Annal. Eccl. ad ann. 60. Cap. 3. Cap. 5. Chrys. Theod. & alii in c.

cidant; pro eo quod est, non ore tantum. At hæc de cantu non solum Paulus admonuit; sed & Virtutes Angelicæ docuerunt quomodo psallendum esset in Ecclesia. Socrates enim hæc de Ignatio testatur: *Ignatius Antiochiæ, quæ est in Syria, tertius à Petro Apostolo Episcopus, qui cum Apostolis ipsis multum versatus est, visionem vidit Angelorum, sanctam Trinitatem hymnis alterna vice decantatis collaudantium; & formam canendi in ea visione expressam Ecclesiæ Antiochenæ tradidit. Unde illa traditio ab omnibus Ecclesiis recepta est.* (Hæc Socrates.) Sed altior atque certior ejus rei fides habetur, cum de Seraphim stantibus supra thronum atque clamantibus, & alternis vicibus canentibus, sublimis facta est illa manifestatio Isaiæ.

<small>3. ad Coloss. & ad Ephes. cap. 5. Socrat. hist. lib. 6. c. 8.</small>

<small>Isa. 6.</small>

6. Suarez, *de horis canonicis.* Dico, sanctissimam esse consuetudinem, ut horæ canonicæ cum Cantu & Psalmodia in Ecclesia dicantur. Conclusio est de fide, ut consuetudo, & traditio Ecclesiæ satis confirmat, & declaravit Concilium Tridentinum, habetque in primis exemplum, & fundamentum in sacra Scriptura. Nam à tempore Moysis fuit consuetudo canendi divina cantica. Postea vero à temporibus David cœpit usus canendi psalmos, & laudes Dei in cithara. In novo etiam testamento legimus Christum in nocte Passionis, post cœnam dixisse hymnum cum Discipulis suis. Est autem hymnus laus Dei cum cantico, ut Augustinus dixit. Unde multi pie credunt in illo hymno Christi Cantum non defuisse, ut aperte sentit Chrysostomus, in Matthæum dicens: hymnum cecinit, ut & nos similiter faciamus.

<small>Lib. 4. cap. 7.</small>

<small>Sess. 23. cap. 18.</small>

<small>Exod. 15. & Deut. 32. 2. Reg. 7. & 1. Par. 5. & 6. Matth. 26. & Marc. 14. Enarr. in ps. 7. homil. 2. 3.</small>

Secundò fuit hæc consuetudo ab initio nascentis Ecclesiæ, tam in Oriente, quam in Occidente. Nam in Can. 43. & 69. Apostolorum hujus ritus canendi *in Ecclesia mentio fit: & ejusdem meminit Clemens lib. 8. Constitut. Item Dionysius, De cœlesti hierarchia; sanctam psalmorum modulationem (ait) omnibus sacris mysteriis conjungi. Item Ignatius, Justinus, Basilius, Chrysostomus, Hyeronimus, Ambrosius, Augustinus. Tamen fortasse tunc fuit aucta consuetudo, vel ad meliorem formam redacta. Denique quoties antiqui Patres de usu psalmodiæ loquuntur, Cantum ecclesiasticum commendant; nam ut Nazianzenus dixit in carmine Jambico, Cum cantione psalmus est psalmodia. Est autem psalmodia laudatissima apud Patres.* Cap. 34. Cap. 3.

15.

7. Le Cardinal Bona, *de rebus Liturgicis. A primordiis Ecclesiæ psalmos & hymnos in conventu fidelium decantatos fuisse Apostolus asserit ad Ephesios scribens,* loquentes vobismetipsis in psalmis, & hymnis, & canticis spiritualibus. *Quæ verba de mutuo & alterno cantu intelligenda esse interpretes docent. De hymnis & psalmis canendis, inquit Augustinus, ipsius Domini & Apostolorum habemus documenta, & exempla, & præcepta. Quod autem Theodoretus lib. 4. hist. eccl. & Augustinus lib. 9. Confess. Ambrosio Mediolanensi ecclesiastici cantus originem tribuisse videntur, id explicat Theodoretus, quod certe non absolute de cantu intelligi potest, quem semper usitatum fuisse constat, sed de modo canendi alternatim, quem Ambrosius introduxit. Cum in Cantu Ecclesiastico & clericalis disciplinæ vigor, & Christianæ religionis, sacrarumque functionum majestas maxime eluceat; summo semper studio Romani Pontifices, & aliarum Ecclesiarum Antistites curarunt, ut clerici à teneris annis canendi regulas ediscerent, dato eis magistro, qui, ut scitè loquitur Tertullianus, primus esset informa-*

Lib. 1. cap. 25. Cap. 5.

Epist. 119. Cap. 18.

Cap. 26. Cap. 7.

Ibidem.

L. de pallio c. ult.

tor literarum & primus edomator vocis. Ideo Romæ schola cantorum instituta fuit, cujus originem quidam Hilario Papæ, alii Gregorio magno tribuunt; cui etiam debetur Ecclesiastici Cantus in meliorem formam instauratio. Licet enim ab initio Ecclesiæ usus canendi Romæ fuerit, nescimus tamen quales ante Gregorium fuerint ecclesiasticæ modulationes, quæ canentium disciplina. Porrò Cantus ab eo institutus ille est planus & unisonus, quem ab ipso Gregorianum nuncupamus, progrediens per certos limites & terminos tonorum, quos modos seu tropos vocant Musici & octonario numero definiunt, secundum naturalem generis diatonici dispositionem.

Il est donc constant que ce fut S. Gregoire le Grand, qui institua ou restablit, & prit grand soin de bien regler le Pleinchant de l'Eglise, que l'on a appellé pour cette raison le Chant Gregorien. Et partant nous devons le tenir comme une chose sacrée avec respect & veneration : ce grand Pape ayant gouverné l'Eglise universelle en toutes choses, & particulierement en celle-cy, *in pondere, numero, & mensurâ.* Et c'est ce poids juste des Modes & des Intervalles, ce nombre raisonnable des Notes, & cette mesure deüe à chacune de ces Notes selon la qualité des syllabes, qui le feront remarquer entre plusieurs autres Chants, où toutes les Regles du poids, du nombre, & de la mesure sont renversées.

CHAPITRE II.

De l'utilité du Chant de l'Eglise, & de ses effets.

RIEN n'est plus capable de monstrer les avantages & les effets merveilleux du Chant de l'Eglise, que les autoritez suivantes;

1. Le Concile d'Avignon, *De Cantu Ecclesiastico. Musices numeros ad pietatis sensum permovendum salubriter adhibet Ecclesia. Quapropter ejus studium in cunctis Ecclesiis non solum permittimus, verum etiam in dies augescere optamus.* — Tit. 35.

2. S. Justin martyr. *Simpliciter canere insipientibus non convenit; sed instrumentis inanimatis, & crotalis cum saltatione canere. Quocirca in Ecclesiis, non usus carminum per ejus generis instrumenta, & alia insipientibus congruentia, receptus est; sed simplex cantio in eis manet. Excitat hac enim cum voluptate quadam animum, ad flagrans ejus quod carmine celebratur desiderium : affectiones & concupiscentias carnis sedat : cogitationes malas inimicorum, quos cernere non est, suggestione oborientes amolitur : mentem ad fructificationem divinorum bonorum rigat : pietatis decertatores generosos & fortes per constantiam in rebus adversis efficit : omnium rerum, quæ in vita tristes & luctuosæ accidunt, piis affert medicinam.* — Resp. ad quæst. 107.

3. S. Basile. *Utilis in psalmorum est decantationibus diversitas atque varietas, ob eam causam, quod in perpetua similitudine & æqualitate, animi plerumque torpedo quadam oboritur, atque tædium*

In vicissitudinibus autem & varietate psalmodiæ, & studium renovatur, & attentio instauratur.

Confess. lib. 9. cap. 7.

4. S. Augustin, *Tunc hymni & psalmi ut canerentur secundum morem Orientalium partium, ne populus mæroris tædio contabesceret, institutum est.*

Lib. 10 cap. 33.

Cum reminiscor lachrymas meas quas fudi ad cantus Ecclesiæ tuæ, in primordiis recuperatæ fidei meæ, & nunc ipso commoveor, non cantu, sed rebus quæ cantantur, cum liquida voce & convenientissima modulatione cantantur, magnam instituti hujus utilitatem rursus agnosco.

Lib. 9. cap. 6.

Voces igitur illæ influebant auribus meis, & eliquabatur veritas tua in cor meum.

Tomi 5. cap. 52.

5. S. Bernard, *Libro de modo bene vivendi. Sicut orationibus juvamur, ita psalmorum modulationibus delectamur. Cantus in Ecclesia mentes hominum lætificat, fastidiosos oblectat, pigros sollicitat, peccatores ad lamenta invitat.*

In expl. psal. 134.

6. Le Cardinal Bellarmin. *Laudate Dominum, quia bonus Dominus: psallite nomini ejus, quoniam suave. Quasi dicat, psallite nomini ejus, quoniam istud psallere, & laudare, non erit vobis opus molestum, & laboriosum, sed dulce, jucundum, suave. Et quidem beatis in cælo psallere Deo suavissimum est, & ideo ne ad momentum quidem cessant à laudibus, quoniam dulcedinem Dei in ipso fonte suavitatis sine intermissione degustant: nobis autem nunc dulce est canere Deo, nunc laboriosum, quoniam non semper gustamus quam suavis Dominus; sed tunc solum, cum ex gratia Dei, & præcedente meditatione assurgimus ad cognitionem, & accendimur ad amorem.*

Lib. 4. cap. 7.

7. Suarez, *de horis canonicis. Nec est otiosus aut*

Infructuosus modus ille laudandi Deum cum cantico, ut hæretici objiciunt, sed magnam habet utilitatem. Ut enim Isidorus ait, psallendi utilitas tristia corda Lib. 3. *consolatur, gratiores mentes facit, fastidiosos oble-* Sentent. *ctat, inertes excitat, peccatores ad lamenta invi-* cap. 7. *tat. Bonum est corde semper orare, bonum est etiam, & sono vocis Deum spiritalibus hymnis glorificare. Item Nazianzenus, Psalmodia est præludium cæ-* Orat. 40 *lestis gloriæ.*

CHAPITRE III.

Contre les Heretiques & tous ceux qui blasment le Chant de l'Eglise.

IL est encore aujourd'huy de ces critiques, qui sous pretexte de devotion, non seulement blasment le Chant de l'Eglise, mais encore condamnent toutes sortes de Chants figurez, la Musique, les Orgues, & tous les autres instrumens, comme ont fait autrefois certains heretiques, ausquels il faut répondre ensemble, parce que les uns & les autres n'ont tous que les mesmes raisons. Escoutons premierement S. Thomas, lequel pourtant n'a répondu que pour le Chant: puis nous opposerons d'autres authoritez & d'autres preuves invincibles pour renverser leurs raisons frivoles, à l'égard du chant figuré, de la musique, de l'orgue, & mesme des autres instrumens.

S. Thomæ, 2ª. 2ª. quæst. 91. art. 2. Utrum in divinis laudibus sint cantus assumendi.

ad Coloss. 3.

Videtur quod cantus non sint assumendi in laudem divinam. Dicit enim Apostolus: Docentes & commonentes vosmetipsos in psalmis & in hymnis & Canticis spiritualibus. *Sed nihil debemus assumere in divinum cultum præter ea quæ nobis autoritate scriptura traduntur. Ergo videtur quod non debemus uti in divinis laudibus Canticis corporalibus, sed solum spiritualibus.*

ad Ephes. 5.

2. *Hyeronimus super illud*: Cantantes & Psallentes in cordibus vestris Domino, *dicit*: Audiant hæc adolescentuli: audiant hi quibus in Ecclesia est psallendi officium, Deo non voce, sed corde cantandum. Nec in tragædorum modum guttur & fauces medicamine liniendæ sunt, ut in Ecclesia theatrales moduli audiantur & cantica. *Non ergo in laudes Dei sunt cantus assumendi.*

3. *Laudare Deum convenit parvis & magnis, secundum illud Apocal.* 19. Laudem dicite Deo nostro omnes sancti ejus, & qui timetis Deum pusilli & magni. *Sed majores qui sunt in Ecclesia non decet cantare. Dicit enim Gregorius, & habetur in Decretis distinct.* 92. can. In sancta Romana Ecclesia. Præsenti decreto constituo, ut in sede hac sacri altaris ministri cantare non debeant. *Ergo cantus non conveniunt divinis laudibus.*

4. *In veteri lege laudabatur Deus in musicis instrumentis & humanis cantibus, secundum illud psal.* Confitemini Domino in cythara: in psalterio decem chordarum psallite illi. Cantate ei canticum novum. *Sed instrumenta musica sicut cytharas &*

psalteria non assumit Ecclesia in divinas laudes, ne videatur judaizare. Ergo pari ratione nec cantus in divinas laudes assumendi.

5. Principalior est laus mentis quam laus oris. Sed laus mentis impeditur per cantus : tum quia cantantium intentio abstrahitur à consideratione eorum quæ cantant, dum circa cantum student : tum etiam quia ea quæ cantantur minus ab aliis intelligi possunt, quam si sine cantu proferrentur. Ergo cantus non sunt in divinis laudibus assumendi.

Sed contra est, quod beatus Ambrosius in Ecclesia Mediolanensi cantus instituit : ut Augustinus refert in 9. Confessionum.

Respondeo, dicendum, quod sicut dictum est, laus vocalis ad hoc necessaria est, ut affectus hominis provocetur in Deum. Et ideo quæcumque ad hoc utilia esse possunt, in divinas laudes congruenter assumuntur. Manifestum est autem quod secundum diversas melodias sonorum, animi hominum diversimode disponuntur : ut patet per philosophum 8. politicorum, & per Boetium in prologo musicæ. Et ideo salubriter fuit institutum, ut in divinas laudes cantus assumerentur, ut animi infirmorum magis provocarentur ad devotionem. Unde Augustinus dicit : Adducor cantandi consuetudinem approbare *In 10.* in Ecclesia, ut per oblectamenta aurium infirmorum *Confess.* animus in affectum pietatis assurgat. *Et de seipso* dicit : Flevi in hymnis & canticis tuis, suave so- *9. Conf.* nantis Ecclesiæ tuæ vocibus commotus acriter. *cap. 6.*

Ad primum ergo dicendum, quod cantica spiritualia possunt dici, non solum ea quæ interius canuntur spiritu, sed etiam ea quæ exterius ore cantantur, in quantum per hujusmodi cantica spiritualis devotio provocatur.

Ad secundum *dicendum*, *quod Hyeronimus non simpliciter vituperat cantum, sed reprehendit eos qui in Ecclesia cantant more theatrico: non propter devotionem excitandam, sed propter ostentationem,*

Conf. cap. 33. *vel delectationem provocandam. Unde Augustinus dicit:* Cum mihi accidit, ut me amplius cantus quam res quæ cantatur moveat, pœnaliter me peccare confiteor, & tunc mallem non audire cantantem.

Ad tertium *dicendum, quod nobilior modus est provocandi homines ad devotionem per doctrinam & prædicationem, quam per cantum. Et ideo Diaconi & Prælati, quibus competit per prædicationem & doctrinam animos hominum provocare in Deum, non debent cantibus insistere, ne per hoc à majoribus retrahantur. Unde ibidem Gregorius dicit:* Consuetudo est valde reprehensibilis, ut in Diaconatus ordine constituti, modulationi vocis inserviant: quos ad prædicationis officium & eleemosynarum studium vacare congruebat.

8. Polit. Ad quartum *dicendum, quod, sicut philosophus dicit, neque fistulas ad disciplinam est adducendum, neque aliquod aliud artificiale organum: puta cytharam, & si quid tale alterum est: sed quacunque faciant auditores bonos. Hujusmodi enim musicæ instrumenta magis animum movent ad delectationem, quam per ea formetur interius bona dispositio. In veteri autem testamento usus erat talium instrumentorum, tum quia populus erat magis durus & carnalis; unde erat per hujusmodi instrumenta provocandus: sicut & per promissiones terrenas: tum etiam quia hujusmodi instrumenta corporalia aliquid figurabant.*

Ad quintum *dicendum, quod per cantum, quo quis studiose ad delectandum utitur, abstrahitur animus à consideratione eorum quæ cantantur. Sed si aliquis cantet propter devotionem, attentius considerat quæ dicuntur : tum quia diutius moratur super eodem : tum quia, ut Augustinus dicit :* Om- 10. Conf.
cap. 33. *nes affectus spiritus nostri pro sua diversitate habent proprios modos in voce atque cantu, quorum occulta familiaritate excitantur. Et eadem etiam est ratio de audientibus, in quibus etsi aliquando non intelligant quæ cantantur, intelligunt tamen propter quid cantantur, scilicet ad laudem Dei. Et hoc sufficit ad devotionem excitandam.*

Voila bien prouvée l'excellence du Chant de l'Eglise, mais par ces paroles que S. Thomas raporte du Philosophe, *Neque fistulas ad disciplinam est adducendum, neque aliquod aliud artificiale organum*; il semble que S. Thomas blasme les Orgues dans l'Eglise ; & l'argument qu'on en tire des figures de l'ancienne Loy paroist fort : neantmoins l'on verra comme il est foible & nul, & que ce n'est là aucunement le sentiment de S. Thomas ; aprés que j'auray mis cette objection dans tout son jour, & que j'auray exposé encore un passage qui semble la favoriser.

D. Aëlredi speculo Charitatis, lib. 11. cap. xxiii.

De vana aurium voluptate.

SEd quia apertè malos ab hac consideratione putavimus removendos, de his nunc sermo sit, qui sub specie religionis negotium voluptatis obpalliant: qui ea, quæ antiqui Patres in typis futurorum salubriter exercebant, in usum suæ vanitatis usurpant. Unde quæso, cessantibus jam typis & figuris, unde in Ecclesia tot organa, tot cymbala? Ad quid, rogo, terribilis ille follium flatus, tonitrui potius fragorem, quam vocis exprimens suavitatem? Ad quid illa vocis contractio, & infractio? hic succinit, ille discinit; alter supercinit, alter medias quasdam notas dividit, & incidit. Nunc vox stringitur, nunc frangitur, nunc impingitur, nunc diffusiori sonitu dilatatur. Aliquando, quod pudet dicere, in equinos hinnitus cogitur, aliquando virili vigore deposito, in fœmineæ vocis gracilitates acuitur, nonnunquam artificiosa quadam circumvolutione torquetur, & retorquetur. Videas aliquando hominem aperto ore, quasi intercluso halitu exspirare, non cantare, ac ridiculosa quadam vocis interceptione, quasi minitari silentium, nunc agones morientium, vel ecstasim patientium imitari. Interim histrionicis quibusdam gestibus totum corpus agitatur, torquentur labia, rotant oculi, ludunt humeri, & ad singulas quasque notas digitorum flexus respondet.

Que peut-on dire de plus fort contre les Orgues & contre les concerts de Musique? Mais allons au fond, l'on verra que c'est toute autre chose que l'on ne pense, aprés que nous aurons examiné le sens de ce passage. Voicy donc tout leur raisonnement, que les paroles de S. Thomas sus-alleguées, *In veteri autem testamento, &c.* & celles de S. Elrede, *cessantibus jam typis & figuris*, semblent favoriser;

2. Cor. 5. aussi bien que ce passage de S. Paul, *Vetera transierunt, ecce nova facta sunt omnia.*

Les figures de l'ancienne Loy estant passées, elles ne doivent plus estre en usage dans la nouvelle.

A quoy je répond que: Les figures essentielles de l'ancien Testament qui representoient les mysteres

& les realitez du nouveau, toutes les choses de ce temps-là qui n'estoient que les ombres des veritez qui devoient s'accomplir en la Loy de grace, sont passées, & ne sont plus en usage presentement : les Sacrifices sanglans des Victimes ont cessé par le Sacrifice auguste & non sanglant de nos Autels : les pains de proposition qui figuroient la sainte Eucharistie, ne sont plus de saison, puisque nous y possedons maintenant le vray pain des Anges. Toutes ces sortes de figures ont esté abolies quand la Verité a paru : Mais les choses qui ne servoient simplement qu'au Culte divin, comme l'encens, le Chant, la Musique, l'Orgue, & les autres instrumens de Musique, toutes ces choses ont esté conservées, avec les prieres de la sainte Escriture, & tous ces divins Cantiques qui composent le corps de tous les Offices Ecclesiastiques. De sorte que ces Pseaumes, ce Chant, cette Musique, cette Orgue, & tout ce qui contribuoit à la solemnité du Service divin, se rapportoient au Messie qui devoit s'incarner : comme encore maintenant toutes ces choses se rapportent au mesme Messie qui s'est incarné : *Testamentum vetus totum est de Deo incarnando ; Testamentum novum de Deo incarnato :* S. Bonaventure. De plus, c'est que cette proposition ne peut pas subsister, generalement & absolument parlant de toutes les figures, ainsi que Durand l'explique en termes formels. *Licet re vera figuræ quarum hodie veritas apparuit, recesserint ; tamen adhuc multiplex veritas latet, quam non videmus, propter quod utitur Ecclesia figuris. Verbi gratia : per vestimenta candida, intelligimus aliquo modo decorem animarum nostrarum, scilicet gloriam immortalitatis nostræ, quam videre non possumus ma-*

In principio sacræ scripturæ.

De Officiis, in Præmio.

nifeſtè. Et in Miſſa Chriſti paſſio repræſentatur, ut tenacius & fidelius memoriæ teneatur.

Mais pour monſtrer clairement que ce n'eſt point la penſée de S. Elrede, par ce paſſage de blaſmer les Orgues dans l'Egliſe; examinons le ſens de ſes paroles.

1. Il ne parle qu'aux méchans qui ne cherchent que la volupté vaine des oreilles, ainſi qu'il eſt porté dans le tiltre & au commencement de ce chapitre, *De vana aurium voluptate. Sed quia aperte malos ab hac conſideratione putavimus removendos, de his nunc ſermo ſit.* Il ne parle donc qu'à ceux qui en abuſent, & qui ſous pretexte de religion ne cherchent que leur ſenſualité : *qui ſub ſpecie religionis negotium voluptatis obpalliant.*

2. Si nous conſiderons attentivement ces termes, *ea quæ antiqui Patres in typis futurorum ſalubriter exercebant, in uſum ſuæ vanitatis uſurpant:* nous comprendrons que S. Elrede blaſme ſimplement le mauvais uſage que l'on faiſoit de ſon temps des choſes que les anciens Peres employoient pour une bonne fin. Et ainſi nous pouvons nous ſervir des meſmes choſes, & les employer au Culte divin pour la gloire de Dieu & pour l'avancement de noſtre ſalut, *ſalubriter : non in typis futurorum, ſed præſentium : nec in uſum vanitatis, ſed religionis :* pour me ſervir des termes de ce Saint. Et ce qui confirme cette penſée, c'eſt encore ce paſſage qui ſuit dans le meſme chapitre ; *ſic quod ſancti Patres inſtituerunt, ut infirmi excitarentur ad affectum pietatis, in uſum aſſumitur illicita voluptatis. Non enim ſenſui præferendus eſt ſonus, ſed ſonus cum ſenſu, ad incitamentum majoris affectus, plerumque admittendus.* Par ces paroles, nous voyons

voyons manifestement qu'il admet le son, pourveu qu'il ne soit pas preferé au sens des paroles sacrées: & en admettant le son, il s'ensuit evidemment qu'il approuve l'Orgue. (J'entend toûjours pourveu qu'elle soit dans les Regles prescrites par les Conciles & les saints Peres.)

Mais quelle réponse positive & précise à ces paroles, *Cessantibus jam typis & figuris, unde in Ecclesia tot Organa, tot cymbala?* La voicy:

3. C'est que ce Saint ayant affaire à des gens endurcis & adonnez à cette sorte de sensualité, il employe toutes sortes de figures, anciennes & nouvelles, de la Loy & de la Grace, de Rhetorique & de Morale, pour détourner ces méchans de ces abus, comme il dit luy-mesme; *Apertè malos ab hac consideratione putavimus removendos.*

4. Nous pouvons dire que ce Saint par un loüable zele de devotion, declame contre les abus de quelques Organistes de son temps, qui joüoient des Chansons profanes & lascives dans l'Eglise, avec des modulations & des manieres si ridicules, que cela excitoit plûtost à distraction, qu'à devotion & attention pour le Service divin. C'estpourquoy le Concile de Malines (avec plusieurs autres) a pourveu à ces sortes d'abus par ce Decret: *Gravis tantum & quæ pios motus moveat Musica Officio divino adhibeatur, non etiam lasciva vel secularis. Similiter & Organa, & quæcunque instrumenta musica, tam in processionibus, quam in Ecclesiis, modulatione sua lascivas cantiones non imitentur; nec Præfationem aut Orationem Dominicam in Missa absumant.* Par ces dernieres paroles il faut entendre que les Organistes en composant ou joüant l'Offertoire longue, ne doivent pas faire attendre

Concilii Mechliniense. tit. 12. cap.

un moment le Celebrant pour commencer la Preface, ou le *Pater* aprés l'Eſlevation.

Caietan confirme cette penſée par ces paroles : *Licet organorum uſus licitus jam in Ecclesia sit causa excitandæ devotionis, illicitus tamen est causa delectationis eadem ratione qua cantus. Constat autem ex autoritate Hyeronimi in litera allata, quæ habetur in decretis distin. 93. cap. Cantantes : quod non omnis cantus est in Ecclesia licitus. Non igitur omnis sonus est in Ecclesia licitus. Constat namque quod sonus inter divina pars divini cultus est ; & pro solemnitate divini cultus adhibetur ab Ecclesia : & quod modo indebito colitur Deus, quando sonus vanitatum ex intentione admiscetur, loco solemnitatis Ecclesiasticæ.* Mais l'on n'a pas lieu preſentement, graces à Dieu, de ſe plaindre de ces ſortes d'abus, puiſque les Organiſtes de ce temps (au moins la pluſpart qui ſont connus) touchent l'Orgue d'une maniere ſi modeſte & devote, qu'ils touchent autant le cœur par leurs modulations agreables, qu'ils flattent l'oreille par la douceur de leurs accords. Et pourveu que tout cela ſe faſſe dans le deſſein de loüer Dieu, tant de la part des Organiſtes que des auditeurs, cela ſuffit pour exciter la devotion, ſelon les termes cy-deſſus alleguez de S. Auguſtin, & de S. Thomas : *Omnes affectus ſpiritus noſtri pro ſua diverſitate habent proprios modos in voce atque cantu, quorum occulta familiaritate excitantur. Et eadem eſt ratio de audientibus, in quibus etſi aliquando non intelligant quæ cantantur, intelligunt tamen propter quid cantantur, ſcilicet ad laudem Dei. Et hoc ſufficit ad devotionem excitandam.* Parceque c'eſt la meſme raiſon du ſon de l'Orgue, & du chant dont on

n'entend pas les paroles. *Ut qui à verbis non com-* S. Isidor.
pungitur, suavitate Modulationis teneatur.

5. Les invectives les plus fortes de ce passage de S. Elrede, sont contre les grands concerts de Musiques qui se faisoient dans l'Eglise avec fracas & grand appareil ; *tonitrui potius fragorem, quam vocis exprimens suavitatem.* Ce Saint décrit merveilleusement toutes les manieres ridicules, toutes les contorsions, & les postures indécentes des Musiciens qui chantent par ostentation, & à la façon des Comediens : *Hic succinit : ille discinit, alter supercinit, &c. Interim histrionicis quibusdam gestibus totum corpus agitatur, torquentur labia, rotant oculi, &c.* Mais presentement nous ne voyons point ces abus dans l'Eglise, & les Musiques qui s'y font, s'executent avec toute la modestie possible, & avec l'ordre & la bien-seance que requiert le Service divin.

6. S. Elrede nous veut donner cette leçon admirable de morale, pour nous empescher de profaner le lieu saint de l'Eglise. Car enfin tous nos grands desseins, toutes nos compositions, tous nos concerts de Musique accompagnez de tant d'instruments, quoy qu'ils soient generalement & uniquement ordonnez pour le Service divin ; tout cela n'est que vanité, & peut-estre volupté criminelle, si la modestie n'y est jointe & l'intention dirigée.

Mais pour confirmer toutes ces raisons, & pour donner de l'horreur à ceux qui en abusent, considerons la suite de ce chapitre : *Et hæc ridiculosa dissolutio vocatur religio ; & ubi hæc frequentius agitantur, ibi Deo honorabilius serviri clamatur. Stans interea vulgus sonitum follium, crepitum cymbalorum, harmoniam fistularum, tremens atto-*

B ij

nitusque miratur; sed lascivas cantantium gesticulationes, meretricias vocum alternationes & infractiones, non sine cachinno risuque intuetur, ut eos non ad oratorium, sed ad theatrum, nec ad orandum, sed ad spectandum æstimes convenisse: nec timetur illa tremenda majestas, cui assistitur, nec defertur mystico illi præsepio, cui ministratur, ubi Christus mysticè pannis involuitur, ubi sacratissimus ejus sanguis calice libatur, ubi aperiuntur cæli, assistunt Angeli, ubi terrena cælestibus junguntur, ab Angelis homines sociantur. Sic quod sancti Patres instituerunt, ut infirmi excitarentur ad affectum pietatis, in usum assumitur illicitæ voluptatis. Non enim sensui præferendus est sonus, sed sonus cum sensu, ad incitamentum majoris affectus, plerumque admittendus. Ideoque talis debet esse sonus, tam moderatus, tam gravis, ut non totum animum ad sui rapiat oblectationem, sed sensui majorem relinquat portionem. Ait nempe B. Augustinus, Movetur animus ad affectum pietatis, cantico audito; sed si magis sonum quam sensum, libido audiendi desideret, improbatur. *Et alias*. Cum me, *inquit*, magis cantus quam verba delectant, pœnaliter me peccasse confiteor, & mallem non audire cantantem.

Par ces dernieres paroles, nous voyons que S. Augustin aimoit mieux ne point entendre chanter quand le chant luy plaisoit plus que les paroles; mais nous ne voyons pas que ce grand Saint ne vouloit pas entendre chanter quand les paroles luy plaisoient davantage que le chant. Au contraire il en pleuroit de joye, comme il est dit cy-dessus: *Flevi in hymnis & canticis tuis, suavè sonantis Ecclesiæ tuæ vocibus commotus acriter.*

Conf. 9.
cap. 6.

Pour revenir à S. Thomas, qui semble ne pas admettre l'usage des Orgues dans l'Eglise, l'authorité suivante expose nettement la pensée de ce grand Docteur, & monstre evidemment qu'il ne les a jamais desapprouvées: que l'usage des Orgues, pourveu qu'il soit dans les Regles du Concile de Trente cy-aprés allegué, n'a jamais esté défendu dans l'Eglise; que cette coustume bien aucontraire est approuvée par toute la Chrestienté, quoy qu'elle ne soit pas receuë en quelques lieux; & que S. Thomas (contre le sentiment de quelques Autheurs) n'a point voulu parler des Orgues, mais seulement des autres instrumens de Musique, comme le témoigne Soto. A quoy l'on peut adjouter que si Caietan a dit qu'il n'y avoit point d'Orgue du temps de S. Thomas, il ne s'ensuit pas que S. Thomas ny Caietan ayent dit que l'Orgue estoit défenduë dans l'Eglise de son temps, & encore moins du nostre. S'il n'y avoit point d'Orgue du temps de S. Thomas, il faut entendre cela des Eglises de son Ordre, & de quelques autres seulement. Sigebert raporte que l'an 766. l'Empereur Constantin envoya pour present des Orgues à Pepin Roy de France, & les Annales de Mets rapportent la mesme chose à l'an 757. Bien plus, Durant, Julien, Platine, & tant d'autres Autheurs Ecclesiastiques & tres-celebres, asseurent que l'usage des Orgues estoit dans l'Eglise déja du temps du Pape Vitalien, qui fut esleu l'an 655. lequel en ordonna l'usage (selon les Historiens) avec le Chant de l'Eglise Romaine. Ces témoignages authentiques prouvent que l'usage des Orgues estoit dans l'Eglise plus de cinq cent cinquante ans avant S. Thomas, qui nâquit seulement l'an 1214.

Voicy donc les paroles d'un grãd Theologien, pour le Chant, les Orgues, la Musique, & les Instrumens.

Suar. de Cantu eccl. lib. 4. cap. 7. & 8.

Quia homo sensibilis est, & sensibilibus signis promovetur. Hæc sensibilia sæpe magis nos movent: sicut non raro vox quædam prædicatoris vehemens, aut dulcis, magis movet animum ad terrorem, vel affectum, quam gravis sententia tepidè aut insuaviter dicta. Cantus autem figuratus in divinis Officiis per se non est malus. Nec obstat, quod interdum videatur populus magis invitari, & trahi ad delectationem sensus, quam ad devotionem spiritus. Quia ex intentione Ecclesiæ hoc non ita est, neque ex natura actionis, quia tota illa delectatio sensus per se est apta ad excitandam devotionem mentis. Intendere autem hoc modo voluptatem ipsius cantus non est malum, quia ipsa de se indifferens est, & ordinatur ad bonum finem. Ita enim olim Prophetæ per instrumenta Musica excitabantur ad spiritum prophetiæ recipiendum, media elevatione mentis in Deum. Unde peccatum illud, quod Augustinus in se recognoscit, vel non erat propria culpa, sed pœnale peccatum, ut ipse loquitur, id est, motus surreptionis ex fomite, qui plus justo interdum sensibilibus delectatur, vel poterat esse veniale peccatum, non servando omnino debitum ordinem in hoc genere delectationis. Per se autem non semper peccatum est, plus moveri cantu ipso, quam re cantatâ: nam potest esse hoc naturale, & non pendens ex hominis libertate. Ideóque si quis bene utatur illa naturali conditione, aut complexione, ordinando illam ad spiritualem profectum non malè facit. Atque ita hic cantus semper potest de se habere bonum, & spiritualem usum, non est ergo per se malus, etiam ad res divinas applicatus.

Ibidem. cap. 8.

Regula igitur in hac materia servanda est, ut cantus indecentes, & modulationes indecoræ in hoc cantu omninò vitentur, censentur autem indecentes, non solùm illæ, quæ turpes sunt, (nam illæ etiam in humanis recreationibus indecentes sunt) sed etiam illæ, quæ fiunt cum gestibus, aut motibus indecentibus, vel quâ ratione usus profani, aut propter peculiarem modum flectendi vocem, aut melodiam quærendi, profanas cogitationes, aut indecentes motus excitare solent. Et hujusmodi ferè sunt omnes circumstantiæ cantûs, quæ in Extravaganti Joannis Papæ 22. numerantur, & prohibentur; & juxta hæc intelligenda sunt multa, quæ Navarrus in particulari prosequitur. Neque in hoc potest certior regula dari, quàm illa Pauli. Æmulamini prophetare, & loqui linguis nolite prohibere, omnia autem honestè, & secundum ordinem fiant : *& iterum* : Omnia ad ædificationem fiant. *Et sic dixit Innocentius.* Debent cantores consonis vocibus, & suavi modulatione concinere, quatenus animos audientium ad devotionem Dei valeant excitare.

Enchiridi cap. 16. num. 33. 1. Cor. 14.

Lib. 1. de Mysteriis Missæ, cap. 2.

Organorum usus antiquissimus est in Ecclesia, ut testatur Stephanus Durantus lib. 1. de Ritibus Ecclesiæ; ex Juliana in cap. 31. Job, qui sanctum Gregorium longo intervallo antecessit, & ex Platina, & aliis asserentibus organorum usum jam fuisse in Ecclesia tempore Vitaliani Papæ. Et quamvis vox organum communiter jam recipiatur pro peculiari instrumento musico sic vulgariter dicto, tamen vox de se generalis est, ut constat ex Hyeronimo epist. 28. ad Dardanum; & ex Isidoro lib. 3. Origin. cap. 19. 20. & 21. Neque satis constat an usus antiquus organorum in Ecclesia generaliter etiam accipiendus sit, vel de tali instrumento in specie, ut-

Cap. 13.

cunque tamen intelligatur, ex specie colligimus, instrumenta Musica de se non esse contra Ecclesiasticam decentiam, vel utilitatem. Quòd verò nec sint per Ecclesiam prohibita, præter usum constat ex Concilio Trident. cap. de observandis in celebratione Missæ, ubi sic inquit: Ab Ecclesiis verò Musicas eas, ubi sive organo, sive cantu lascivum, aut impurum aliquid misceatur, &c. prohibet sancta Synodus: ergo musicas honestas, & puras, etiamsi organo fiant, non prohibet. Eodem fere modo loquuntur Concilium Senonense, & Coloniense: nomine autem organi, vel instrumentum musicum simpliciter intelligitur, vel certè eadem ratio est de his omnibus, in quibus decentia, & gravitas reperiri potest, ergo in uno organo sunt approbata reliqua instrumenta musica, dummodo in eorum usu nulla sit indecentia; vel certè satis est quod non inveniantur reprobata jure positivo, cum alias per se mala non sint, ut ostendimus. Hinc colligunt aliqui tempore D. Thomæ non fuisse in Ecclesia organorum usum: ita Caietanus 2. 2. quæst. 91. Notab. 2. & Navarrus in dicto Enchirid. Hoc autem subsistere non potest, cum ostensum sit, organorum usum multò antiquiorem esse: unde Soto lib. 10. de Instit. in fine sentit, D. Thomam non fuisse loquutum de organis, sed de aliis instrumentis musicis, de quibus etiam illum explicat, ut solùm dicat, quod antiquo populo magis, quam nobis congruebat. Et sanè D. Thomas non dixit usum talium instrumentorum esse malum, sed indicavit non esse necessarium, neque propter perfectos adhiberi, non tamen negat, quin propter juvandam infirmitatem imperfectorum possint admitti. A quoy l'on peut joindre cette authorité de Bellarmin. Cantate ei, & psallite ei: nar-

Sess. 21.

Cap. 16. num. 46.

Quæst. 5. art. 2.

Explicat. Psal. 104.

rate omnia mirabilia ejus. Explicat quod supra dixit, Confitemini, *dicens,* cantate & psallite, *id est, confitemini laudes Dei cantando vocibus, & psallendo instrumentis musicis.* Il faut encore satisfaire à deux objections que l'on infere de deux passages sus-alleguez.

De S. Justin, *Simpliciter canere insipientibus non convenit ; sed instrumentis inanimatis. Quocirca in Ecclesiis, non usus carminum per ejus generis instrumenta, & alia insipientibus congruentia, receptus est ; sed simplex cantio in eis manet.* Resp. ad qu. 107.

Le mesme S. Justin resout cette difficulté (s'il y en a) dans le mesme passage, parceque dans le texte de l'Original fidelement raporté sont ces termes: *instrumentis inanimatis & crotalis cum saltatione canere.* Par ces termes il est evident que ce Saint parloit des instrumens crotesques & convenables aux fous, *insipientibus congruentia,* avec lesquels on dansoit en chantant ; ce qui est défendu dans l'Eglise : mais non pas de l'Orgue, ny des autres instrumens qui peuvent s'accommoder à la décence du Service divin. Et ce qui fait dire à S. Justin, *simplex cantio in eis manet* ; c'est que de son temps l'usage des Orgues n'estoit pas encore introduit dans l'Eglise, le Pape Vitalien les ayant institué avec le Chant, comme le témoigne Durand. *Vitalianus Cantum Romanum instituit, & Organo concordavit.* De Officiis lib. 6. cap. 1. num. 17.

Voicy l'autre passage qui s'explique tres-clairement.

De S. Jerôme : *Audiant hi quibus in Ecclesia est psallendi officium, Deo non voce, sed corde cantandum.* C'est à dire, *non voce tantum, sed etiam corde esse cantandum* : comme l'explique Durand.

Cantantes igitur in corde & in charitate, cantent *De Offic.* *lib. 2.* *in choro: quoniam magis devotione cordis, quam ju-* *cap. 2.* *bilatione vocis cantandum est.* S. Augustin nous en- *in Regul.* seigne la mesme chose; *Cum oratis Deum, hoc ver-* *setur in corde, quod profertur in voce. Vide ne bene* *cantes, & male vivas.* S. Benoist, *Sic stemus ad* *Regula,* *psallendum, ut mens nostra concordet voci nostræ.* *cap. 19.* Et Bellarmin: Quomodo cantabimus canticum Do- *In expl.* mini in terra aliena? *Hæc est responsio captivorum* *ps. 136.* *ad petitionem illam, Cantate nobis de canticis sion.* *Aliqui existimant legendum esse, in terra alieni, id* *est, in terra Dei alieni: atque ideo noluisse Judæos* *cantare, ne honorem Dei veri tribuerent falsis Diis.* *Sed illi cantant canticum Domini in terra aliena,* *qui sacros hymnos & psalmos ita decantant, ut* *carnalem aurium voluptatem solum, aut præcipuè* *quærant: quique audientium carnales aures delecta-* *re variis vocum inflectionibus satagunt. Cantica* *enim sacra instituta sunt ad mentem erigendam in* *Deum, & spiritum potius quam corpus recreandum.* *Contra autem nonnulli sunt, qui canticum Babylo-* *nia in domum Dei & sanctam Sion inducunt, illi* *videlicet, qui verba sacra modulis profanis ita* *vestiunt, ut qui audiunt, non tam verba considerent,* *quam profanam modulationem attendant.*

Pour confirmer toutes ces authoritez, celle de ce grand Abbé de Cluny, qui suit, conclura ce Chapitre.

sur le Chant Gregorien.

S. Petri Abbatis Cluniacensis Epistola adversus hæreticos.

Contra id quod dicunt, Deo non esse cantandum.

JAm vero ad illud quod addunt hæretici, irrideri scilicet Deum cantibus Ecclesiasticis ; quia qui solis piis affectibus delectatur, nec altis vocibus advocari, nec musicis modulis potest mulceri : ad tales, inquam, nænias repondere animus nauseat, quia quod nec brutis hominibus negantibus, sentire brutum & stolidum est, hoc velle velut ex ratione refellere, penè indissimiliter stultum est. Unde quia sapientia præcipit, Ne respondeas stulto juxta stultitiam suam, ne efficiaris ei similis, *ex parte lingua taceat ; & quia rursus imperat,* Responde stulto juxta stultitiam ejus, ne sibi sapiens esse videatur, *quæ reticenda non sunt, breviter eloquatur. Sed nunquid, ô stultissimi hominum, qui hæc dicitis, non erubescitis, quod ab exordio tam profusæ disputationis nostræ usque ad instantem finem, quicquid ab ore vestro exivit, & auctoritate vacuum, & omni apparuit ratione destitutum ? Sic enim in vanum verba funditis, sic in ventos & nubila verba jactatis : ut more dementium, os ad verba aperire tota sit utilitas, ratio tota aërem percussisse. Nunquid ô brutissimi, quando hoc cogitare cæpistis, vel dicere inchoastis, nulla mentibus vestris ex innumeris auctoritas divina occurrit ? Cur saltem Psalmi, qui ab omni clero Ecclesiæ Dei, & maximè à presbyteris, quod ipsi fuistis, frequentantur : quando hoc cogitastis, dixistis, predicastis, aliquando non occurrerunt ? Nonne in eisdem sæpe aut penè assi-*

Prov. 16.

duè legitis, & remota altioris mysterii majestate, etiam ad literam dictum advertitis, si sapitis. Cantate Domino canticum novum, cantate Domino
omnis terra. Cantate Domino, & benedicite nomini ejus. *Et iterum.* Cantate Domino canticum
novum, quia mirabilia fecit. *Et rursus.* Omnes
gentes plaudite manibus, jubilate Deo in voce exul-
tationis. *Et in eodem.* Psallite Deo nostro, psallite
regi nostro, psallite: quoniam rex omnis terræ
Deus. Psallite sapienter, & bene psallite ei in voci-
feratione, *& mille talia? hoc quidem de cantu
vocis humanæ. Quid de instrumentis variis, & diversa modulatione? Quare quæ toti orbi notissima
sunt, vobis solis occurrere non potuerunt? Nam
de instrumentis musicis & corporalibus ait in eisdem Psalmis vox divina,* Psallite Domino in cithara & voce Psalmi: in tubis ductilibus, & voce tubæ corneæ. *Et iterum.* Laudate eum in sono tubæ, Laudate eum in psalterio & cithara,
Laudate eum in tympano & choro, Laudate eum
in chordis & organo. Laudate eum in cymbalis bene sonantibus, Laudate eum in cymbalis jubilationis, *& mille similia. Nunquid qui hæc dixit,
qui scripsit, qui hæc instrumenta præcipuè compo-
suit: qui sonuit, qui cantavit, dicendo, scribendo,
sonando, cantando, Deum irridere voluit? Nonne
ipse primæ legislator Moyses tubas argenteas ad
bellandum, ad quiescendum, ad castra levanda,
ponenda, ad insonandum coram arca Domini, in
deserto, in tabernaculo, in jubileo, fieri mandavit?
Nonne tam ipse quam sacerdos Aaron, nonne jam
dictus Rex ac Propheta David, nonne Salomon,
nonne Esdras, nonne multi sanctorum Regum ac
Prophetarum musica instrumenta fecerunt, millia*

cantorum instituerunt, ipsimet ea sonuerunt, cantaverunt, saltaverunt? Nunquid autem hæc omnia ad irridendum, contemnendum, subsannandum Deum fecerunt? Non, inquam, stulti, non ista, sed ad laudandum, adorandum, honorandum, glorificandum. Quod si talium cantantium, psallentium, organizantium, etiam apud homines manifestam utilitatem quæritis: audite quod ut puto nescitis, in sacra scriptura talibus modis dæmones effugari, morbos mitigari, Deum advocari: & per hæc eum consultis hominum respondere, & postulata præstare. Ait enim supra nominata regum scriptura. Igitur quandocumque spiritus Dei malus arripiebat Saül, tollebat David citharam, & percutiebat manu sua: refocillabatur Saül, & levius habebat: Recedebat enim ab eo spiritus malus. Audistis David cum cithara psallentem, audite coram Helisæo psaltem canentem. Nunc, ait Helisæus, adducite mihi psaltem. Cumque caneret psaltes, facta est super eum manus Domini, & ait. Hæc dicit Dominus. Facite per alueum torrentis hujus, fossas & fossas. Hæc enim dicit Dominus. Non videbitis ventum, neque pluviam, & alveus iste replebitur aquis, & bibetis vos, & familiæ vestræ, & jumenta vestra. Parumque hoc est in conspectu Domini. Insuper tradet etiam Moab in manu vestra, & percutietis omnem civitatem munitam, & omnem electam, & universum lignum fructiferum succidetis, cunctosque fontes aquarum obturabitis, & omne agrum egregium operietis lapidibus. Dum igitur coram Saül citharizabat David, recedebat ab eo spiritus malus. Dum coram Helisæo canit Psaltes, advocatur Spiritus sanctus. Ille enim tunc per Helisæum responsa dabat, qui per omnes Prophetas loqui consueverat.

1. Reg. 16.

4. Reg. 3.

Cantu ergo musico fugatur malus ; cantu musico advocatur Spiritus sanctus. Et poterat quidem Deus absque cantu hujusmodi, sonoque musici instrumenti, & morbo regis mederi, & dare responsa Propheta : sed quia voces piè cantantium, & sonos religiosè organizantium benignè susciperet, & inter alia divina obsequia hæc quoque devotè exhibita approbaret, tantorum Prophetarum tam sublimibus exemplis voluit jndicare. Et ut hujusmodi cantuum religiosorum servitutem, non solum in lege priori, sed & in sequenti Evangelio sibi placere monstraret:

Matt. 21. *cantantibus in templo pueris,* Osanna filio David, *& inde Pharisæis indignantibus, eique dicentibus, audis quid isti dicunt? reprehendens puerorum cantantium devotionem, etiam ex scriptura respondit,*

Psal. 8. *Nunquid non legistis,* Ex ore infantium, & lactentium perfecisti laudem ?

CHAPITRE IV.

Que le Chant Gregorien ou Romain, ayant esté communiqué, & s'estant répandu dans toutes les Eglises des Dioceses & des Ordres Religieux, a esté changé & corrompu en plusieurs parties.

LEs authoritez de plusieurs graves personnages ne sont que trop suffisantes pour estre convaincu de cette verité.

1. Dans la vie de S. Gregoire écrite par Jean Diacre,
Lib. 2. cap. 7. *Hujus modulationis dulcedinem inter alias Europæ gentes Germani, seu Galli discere crebroque redisce-*

re insigniter potuerunt : incorruptam verò tam levitate animi, quia nonnulla de proprio Gregorianis cantibus miscuerunt, quam feritate quoque naturali, servare minimè potuerunt. Alpina siquidem corpora, vocum suarum tonitruis altisonè perstrepentia, susceptæ modulationis dulcedinem propriè non resultant : quia bibuli gutturis barbara feritas, dum inflexionibus & repercussionibus mitem nititur edere cantilenam, naturali quodam fragore, quasi plaustra per gradus confusè sonantia rigidas voces jactat, sicque audientium animos, quos mulcere debuerat, exasperando magis, ac obstrependo conturbat. Hinc est, quod hujus Gregorii tempore cum Cap. 8. *Augustino tùm Britannias adeunte, per occidentem quoque Romanæ institutionis Cantores dispersi, barbaros insigniter docuerunt. Quibus defunctis occidentales Ecclesiæ ita susceptum modulationis organum vitiarunt, ut Joannes quidam Romanus Cantor cum Theodoro æquè cive Romano, sed Eburaci Archiepiscopo, per Gallias in Britannias à Vitelliano sit præsule destinatus : qui circumquaque positarum Ecclesiarum filios ad pristinam cantilenæ dulcedinem revocans, tam per se, quam per suos discipulos multis annis Romanæ doctrinæ regulam conservavit.*

Sed & Carolus noster patricius, Rex autem Fran- Cap. 9. *corum, dissonantia Romani & Gallicani cantûs Romæ offensus, cum Gallorum procacitas cantum à nostratibus quibusdam næniis argumentaretur esse corruptum, nostrique è diverso authenticum Antiphonarium probabiliter ostentarent, interrogasse fertur, quis inter rivum & fontem limpidiorem aquam conservare soleret ? Respondentibus fontem, prudenter adjecit : Ergo & nos, qui de rivo corruptam lympham usque hactenus bibimus, ad perennis fontis, necesse est, fluenta principalia recurramus. Mox itaque duos suorum industrios Clericos Adriano tunc Episcopo dereliquit: quibus tandem satis eleganter instructis, Metensem Metropolim ad suavitatem modulationis pristinæ revocavit, & per quem illam, totam Galliam suam correxit.*

Cap. 10.

Sed cum multa post tempora defunctis his, qui Romæ fuerant educati cantum Gallicanarum Ecclesiarum à Metensi discrepare prudentissimus Regum vidisset, ac unumquemque ab alterutro vitiatum Cantum jactantem adverteret: Iterum, inquit, redeamus ad fontem. Tunc Regis precibus, sicut hodie quidam veridicè adstipulantur, Adrianus Papa permotus, duos in Galliam Cantores misit; quorum judicio Rex omnes quidem corrupisse dulcedinem Romani Cantûs levitate quadam cognovit: Metenses verò solâ naturali feritate paululum quid dissonare prævidit. Denique usque hodie quantum Romano cantui Metensis cedit, tantum Metensi Ecclesiæ cedere Gallicanarum Ecclesiarum Germaniarumque Cantus ab his qui meram veritatem diligunt, comprobantur.

2. Les anciens Manuscrits des plus considerables Eglises, & des plus celebres Bibliotheques, qui sont beaucoup differents des Manuscrits & des impressions de Rome, monstrent bien l'alteration du Chant Gregorien en plusieurs Lieux.

Livre 1. chap. 23.

3. Nous avons un Autheur moderne, Du Peyrat, dans son Histoire Ecclesiastique de la Chapelle du Roy de France; lequel raporte de plusieurs Histo-
» riens, que le Pape Estienne II. estant venu trouver
» en France le Roy Pepin, nouvellement parvenu à
» la Couronne, pour le prier de prendre la défense
du

du S. Siege contre les Lombars, la Chapelle de
Pepin fut inſtruite au Chant, & aux Ceremonies
Romaines, par les Chantres & Chapelains du Pape, qui fut long-temps à la Cour, & dans l'Abbaye
de S. Denys, en laquelle il ſacra Pepin & ſes En-
fans : & de la Chapelle de Pepin, ce Chant, avec
les Ceremonies Romaines, fut communiqué à tout
le Royaume. De ſorte que non ſeulement le Pleinchant, mais auſſi la Muſique de voix, & celle des
inſtruments & des Orgues, s'eſt épanduë de la Chapelle de nos Roys (qui eſtoit l'eſlite & la fleur des
Eccleſiaſtiques de France) aux principales Egliſes
du Royaume.

Il eſt vray que cette reformation de Chant ne
dura guere, ny à la Cour, ny parmy les Egliſes de
France : car bien-toſt après la mort de Pepin,
Charlemagne ſon fils y rencontra un auſſi grand
deſordre que jamais ; & cela fut cauſe (dit le Moine de Saint Cibard d'Angouleſme) que cet Empereur demanda au Pape Adrien I. des Chantres pour
inſtruire les Preſtres de France. Le Moine de S.
Gal dit, que le Pape luy envoya douze Chantres
excellens, & des mieux verſez au Chant de l'Egliſe,
ſelon le nombre des douze Apoſtres, pour regler
les accords des Egliſes de ſon Empire, afin qu'un
meſme Chant y fut obſervé par tout : que ces Chantres du Pape partans de Rome, comme les Grecs
& les Romains ont touſjours eſté envieux de la
gloire des François, comploterent enſemble de diverſifier tellement le Chant, que jamais les François ne pourroient apprendre d'eux une meſme harmonie, qui fuſt univerſellement ſuivie par les
François ; ſi bien qu'eſtant arrivez en la Cour de
Charlemagne, après avoir eſté honnorablement

C

» receus, aussi-tost qu'ils furent envoyez en divers
» lieux, pour enseigner la façon de chanter à la Ro-
» maine, ils enseignerent les François si diversement,
» & avec tant de corruption, que l'Empereur ayant
» passé les Festes de Noël & des Roys une certaine
» année en la ville de Tréves, & en celle de Mets,
» où il prit un extreme plaisir à cette façon de chan-
» ter à la Romaine, & l'année d'aprés passant les
» mesmes Festes à Paris & à Tours, & n'oyant rien
» de semblable à l'harmonie de l'année precedente à
» Mets, ayant mesme voulu curieusement ouyr les
» autres qu'il avoit envoyez en divers lieux, & les
» trouvant tous differens & discordans les uns des
» autres, au lieu d'estre conformes, il en fit sa plain-
» te au Pape, lequel les ayant appellez à Rome,
» condamna les uns au bannissement, les autres à te-
» nir prison perpetuelle.

» Quelque temps aprés, Charlemagne envoya deux
» Clercs de sa Chapelle à Rome pour y apprendre le

Dit le Me de S. Gal. » Chant, *Misit de latere suo duos ingeniosissimos*
» *Clericos*; lesquels estant parfaitement instruits, re-
» tournerent en France, & par leur industrie le Chant
» Romain y fut rétabli dans toutes les Eglises.

Par tous ces estranges & differens evenemens, nous voyons que le Chant Gregorien a esté corrompu & alteré quantité de fois, en plusieurs lieux, & en differens temps : premierement sous les Regnes de Pepin, puis de Charlemagne, qui fit tous ses efforts pour le rétablir, & le rendre uniforme par toutes les Eglises de son Empire. *Qua in re (*dit

De Liturg. lib. I cap. 25. le Cardinal Bona*) admirabilis fuit pii Regis sollicitudo.* Mais ce qui est encore de plus admirable & remarquable, c'est que sous le Regne de Louis le Debonnaire ce Chant fut encore plus corrompu que jamais ; puisque nous voyons qu'en ce temps-là le veritable Chant Gregorien ne subsistoit plus que dans la memoire de quelques Romains qui le chantoient, parce qu'il n'y avoit plus de Livres de Chant, ny à Rome ny en France. Cette verité se prouve par l'authorité suivante d'Amalarius, qui fut envoyé à Rome de la part de Louis le Debonnaire, pour demander au Pape Gregoire IV. des Antiphonaires, & sa Sainteté luy fit réponse qu'elle n'en avoit plus, parce que ceux qu'on avoit eu autrefois à Rome, avoient esté portez en France, lors que Walla y fut envoyé en ambassade par l'Empereur pour le mesme sujet. Or ce Vvalla estoit un des principaux Ecclesiastiques de la Chapelle de Charlemagne, comme Amalarius estoit de celle de Louis le Debonnaire.

Du Peyrat. liv. 1. chap. 37.

4. Du Prologue d'Amalarius fortunatus, *de ordine Antiphonarii. Cum longo tempore tædio affectus essem propter Antiphonarios discordantes inter se in nostra Provincia, moderni enim alio ordine currebant, quam vetusti: & quid plus retinendum esset, nesciebam: placuit ei qui omnibus tribuit affluenter, ab hoc scrupulo liberare me, inventa copia Antiphonariorum in Monasterio Corbiensi, id est, tria volumina de nocturnali Officio, & quartum, quod solummodo continebat Diurnale: certavi à pelago curiositatis, carbasa tendere ad portum tranquillitatis: Nam quando fui missus Romam à sancto & Christianissimo Imperatore Hludovico ad sanctum & Reverendissimum Papam Gregorium de memoratis voluminibus, retulit mihi ita idem Papa: Antiphonarium non habeo, quem possim mittere filio meo Domino Imperatori, quoniam hos quos habuimus, Vvala quando functus est huc legatione*

aliquâ, abduxit eos hinc secum in Franciam. Quæ memorata volumina contuli cum nostris Antiphonariis, invenique ea discrepare à nostris non solum in ordine, verum etiam in verbis & multitudine Responsoriorum & Antiphonarum, quas nos non cantamus. Nam in multis rationabilius statuta reperi nostra volumina, quam essent illa. Mirabar quomodo factum sit, quod mater & filia tantum à se discreparent. Inveni in uno volumine memoratorum Antiphonariorum ex his quæ infra continebantur, esse illud ordinatum prisco tempore ab Adriano Apostolico: cognovi nostra volumina antiquiora esse aliquanto tempore volumine illo Romanæ urbis. In quibus tamen alicubi cognovi corrigi posse nostra ab illis, & in aliquibus nostra esse rationabilius & satius statuta, ut prætuli: arripui medium inter utraque, ut à nostris, ubi melius erant ordinata, non discederem : & ubi poterant corrigi à voluminibus Urbis, non negligerem, seu in ordine, seu in verbis. Idcirco precor Cantores, ut non priùs despiciant nostra, quam discutiant ea, juxta ordinem librorum & rotunditatem rationis. Et si invenerint minus congruè ea ordini librorum & rationi alicui, dent indulgentiam meæ imperitiæ : sin autem, non despiciant edere nostra olera, quæ rubra testa illis ministrat.

Par ces termes il est aisé de comprendre que tous les Livres de Chant estoient si differens & discordans, qu'il estoit bien difficile de sçavoir precisément où estoit le veritable Chant Gregorien, puisqu'il n'y avoit plus d'Antiphonaires, non pas mesme à Rome, mais pas un seul, *Antiphonarium non habeo*: Ce grand Pape ne parle pas en plurier. Et c'est une remarque curieuse à faire qu'entre ces Antiphonaires qu'Amalarius trouva dans le Monastere de Corbie, il y en avoit un Romain, sur lequel neantmoins il ne corrigea pas entierement les siens: *Arripui medium inter utraque, ut à nostris, ubi melius erant ordinata, non discederem: & ubi poterant corrigi à voluminibus Urbis, non negligerem.* Pour monstrer qu'il estoit persuadé que le Chant Gregorien estoit déja corrompu dés ce temps-là mesme à Rome, au moins en quelques parties. Mais sur tout

5. L'authorité de S. Bernard est merveilleuse, lequel ayant dessein de corriger ou faire corriger le Chant de son Ordre, donna luy-mesme le dessein, le plan, & toute l'œconomie des corrections qu'il falloit faire: ce fut dans une Epitre ou Traité en maniere de Preface, qu'il composa pour estre mis au commencement de l'Antiphonaire de Cisteaux, où tous les abus, desordres, & confusions du Chant sont elegamment exprimez, pour rendre raison des corrections qu'on y auroit fait, si l'on eut effectivement ou entierement executé son dessein. Cette Piece admirable contient presque toutes nos Regles de la Composition du Chant: dont je feray la demonstration mot à mot dans le 8. Chapitre, pour monstrer par les Regles & la raison, les abus qui se sont glissez au Chant dans plusieurs parties de l'Office divin. Cette Epistre est à la fin du 4. Tome de ses œuvres. La voicy, au moins tout l'essentiel.

S. Bernardi Abbatis Tractatus de ratione Cantus.

Cantum quem Cisterciensis Ordinis Ecclesia cantare consueverant, licet gravis & multiplex ob-

fuscet absurditas, diu tamen canentium commendavit authoritas. Sed quia penitùs indignum videbatur, qui regulariter vivere proposuerant, hos irregulariter laudes Deo decantare; ex eorum assensu Cantum ita correctum invenies, quatenùs eliminatâ falsitatum spurcitiâ, expulsisque illicitis ineptorum licentiis, integrâ Regularum veritate fulciatur, aliorumque Cantibus quibus erat deterior, ad notandum & cantandum commodior habeatur. Dignum siquidem est, ut qui tenent Regulæ veritatem prætermissis aliorum dispensationibus, habeant etiam rectam canendi scientiam, repudiatis eorum licentiis, qui similitudinem magis, quam naturam in Cantibus attendentes, cohærentia disjungunt, & conjungunt opposita; sicque omnia confundentes, Cantum prout libet, non prout licet, incipiunt & terminant, deponunt & elevant, componunt & ordinant. Unde nemo miretur aut indignetur si Cantum aliter quam huc usque audierit, in plerisque mutatum invenerit. Ibi enim aut irregularis est progressio, aut progressioni sive dispositioni reclamat compositio, aut compositionem dissolvit oppositio. Hæc omnia regularum perfectionem magis exterminantia quam determinantia.

Ut autem magis mireris & abhorreas hujusmodi ineptiam, inspice hanc Antiphonam, Nos qui vivimus, secundùm quod ferè ubique cantatur, cùm principaliter ac propriè terminari habeat in D. notant eam iniqui prævaricatores in G. & Sacramento asserunt eam esse octavi Toni. Quis obsecro Musicus patienter ferat, ut Cantus qui propriam & naturalem habet finalem in D, octavo Tono attribuatur?

Præterea sunt multi Cantus duplices & irregulares. *Quod vero contra Regulam sic ascendant & descendant, testantur etiam ipsi doctores erroris; sed per licentiam dicunt hoc fieri, Regulas confundentes ut vitia retineant, non vitia resecantes ut Regulas custodiant. Quæ est ista licentia, quæ regionem perambulans dissimilitudinis, confusionem adducens incertitudinis, præsumptionis mater & refugium erroris, veritatem deprimit, & perturbat judicium? Quæ est inquam hæc illicita licentia, quæ conjungens opposita, metasque naturales transgrediens, sicut inconcinnitatem juncturæ, ita & injuriam irrogat naturæ? Luce siquidem clarius est, Cantum illum malè & inordinatè compositum, qui vel ita deprimitur, quatenus provt decet audiri nequeat; vel ita elevatur ut cantari non valeat.*

Si ergo opus singulare & ab omnibus Antiphonariis diversum fecisse reprehendimur, id nobis restat solatii, quod nostrum ab aliis ratio fecit diversum: alia vero inter se diversa fecit casus, non ratio, vel aliud quidpiam quod in causâ casum non præponderat. Licet enim in vitiis omnia ferè conveniant, in quibus tamen rationabiliter convenire possent, adeo disconveniunt, ut idem Antiphonarium nec duæ canant Provinciæ. Mirum proinde videri potest, quare majoris fuerint auctoritatis atque communioris notitia falsa quam vera, vitiosa quam sana. Ut enim de comprovincialibus loquar Ecclesiis, sume Remense Antiphonarium, & confer illud Beluacensi vel Ambianensi seu Suessionensi Antiphonario, quod quasi ad januam habes, si identitatem inveneris, age Deo gratias.

CHAPITRE V.

Que le Chant Romain, ou le Chant Gregorien mesme à Rome, a esté corrompu en quelques parties; quoy que neantmoins il y soit resté le plus pur & le plus correct de tous.

1. L'Authorité de S. Bernard est suffisante pour monstrer l'alteration du Chant Gregorien mesme à Rome. Ce grand Saint dans le dessein qu'il avoit de corriger son Chant sur le Gregorien, auroit plûtost consulté le Chant de Rome, que celuy de Mets, s'il l'avoit crû dans sa pureté originaire. Ce qui paroistra evident par ses propres termes. *Missis qui Metensis Ecclesiæ Antiphonarium (nam id Gregorianum esse dicebatur) transcriberent, & afferrent; longè aliter rem esse quam audierant, invenerunt. Itaque examinatum displicuit, eo quod & Cantû & literâ inventum sit vitiosum.* Par là nous voyons que le Chant de Mets en ce temps-là estoit fort corrompu. Mais tous les termes de cette Epistre nous font connoistre que S. Bernard designa par les Regles de la Science toutes les corrections qu'il estoit raisonnable de faire à son Chant, sans parler aucunement du Romain.

Ex Epist. S. Bernardi de ratione Cantus.

2. Dans la Bibliotheque des Peres, *libro de Canonum observantia. Quoad Antiphonarium Romanum, hoc sustinendum est, quod in ordine Responsoriorum & in versibus eorumdem occurrunt sæpe apud diversas nationes & Ecclesias varietates. Nam nec similes versus communiter habentur, nec idem ordo*

Rodulph. propos. XII.

sur le Chant Gregorien. 41

Responsoriorum & Antiphonarum ubiquè servatur. Imo in libris Romanis sæpiùs eandem notavi varietatem. Ces dernieres paroles monstrent que les Antiphonaires Romains estoient bien differens les uns des autres : & ainsi qu'il y en avoit au moins quelques-uns de corrompus. Ce qui est conforme au témoignage d'Amalarius cy-devant allegué.

3. Les anciens Manuscrits de Rome, qui sont beaucoup differens des Impressions en plusieurs editions mesme de Rome, lesquelles encore sont entr'elles diverses en quelques parties, découvrent assez clairement quelque alteration de la pureté originaire du Chant Gregorien, mesme dans Rome.

4. La raison & les Regles du Chant, monstrent evidemment dans le Romain quelques abus de ceux qui sont exprimez dans cette Epistre de S. Bernard; outre quelques autres que je feray voir par la force des mesmes Regles de la Composition, en examinant chaque partie du Graduël & de l'Antiphonaire.

Neantmoins entre tous les Lieux ou le Chant Gregorien s'est corrompu, Rome a toûjours eu l'avantage ; & nous voyons par toutes les histoires, & les authoritez precedentes, que le Chant Romain s'est le plus conservé dans sa pureté originaire. Il est encore evident, que le Chant Romain selon les Regles de la composition, est le plus correct de tous les autres qui portent le nom de Gregorien. Et en effet ledit Chant Romain (au moins la plus grande partie) procedant par Intervalles justes & proportionnées, évitant les fausses Relations & les mauvais Progrés, gardant les Modes convenables & specifiques aux sujets, n'estant chargé que d'un nombre raisonnable de Notes, & le retranchement de plusieurs autres non necessaires n'ayant rien osté de la gravité & bien-seance que requiert le Service Divin : nous pouvons dire qu'il est dans les Regles, à la reserve de quelques fautes qu'il est aisé de corriger, comme l'on a fait en plusieurs Lieux avec les Authoritez legitimes & ordinaires.

Mais voyons encore dans le Chapitre suivant, comme il estoit facile de le corrompre ; & s'il contient encore quelques erreurs, qu'il est raisonnable de l'en purger entierement.

CHAPITRE VI.

De la facilité qu'il y avoit de corrompre le Chant Gregorien, & de la necessité qu'il y a de le corriger.

ENtre toutes les choses qui regardent l'histoire Ecclesiastique, jamais rien ne semble avoir esté plus obscur & incertain que le fond du Chant : Les Historiens parlent bien de la maniere & de la methode en general, mais pas un de la matiere en particulier, si ce n'est en quelques points de Morale : aussi jamais rien n'a esté si facile à corrompre ; car

1. Du temps de S. Gregoire, les Regles, les Clefs, & les Notes n'estoient pas encore inventées. Ce fut Guy Aretin Moine Benedictin d'Italie, plus de quatre cent ans aprés, qui trouva cette maniere infaillible d'écrire & de marquer le Chant ; lequel auparavant estoit incertain par l'incertitude de ses marques & caracteres. En ce temps-là donc les Notes du Chant ne consistoient qu'en des petits points,

virgules, accens, & quelques petits traits obliques de temps en temps. Cette grande varieté de figures estoit tres-difficile à comprendre, encore plus à retenir, mais impossible à reduire en pratique, sans l'aide de la voix d'un Maistre. Il est vray que la multitude de ces points pouvoit bien marquer la quantité des Notes qu'il falloit chanter sur chaque syllabe ; mais toutes ces figures, quoy que posées differemment, n'estoient pas suffisantes pour marquer certainement la situation diverse du Ton, du semiton, & de toutes les Intervalles. De sorte qu'il estoit tres-difficile en ce temps-là de conserver le Chant dans sa pureté, & mesme il estoit impossible de ne le pas corrompre de temps en temps.

2. Pour sçavoir la force de ces caracteres, j'ay fait une recherche exacte & laborieuse de tous les plus anciens Manuscrits que j'aye pû trouver dans la grande Bibliotheque du Roy, dans celle de S. Germain des Prez, & dans plusieurs autres celebres, dont on m'a envoyé les memoires, mesme de celle du Vatican de Rome ; avec quelques Originaux les plus authentiques qui m'ont esté communiquez ; après avoir examiné curieusement & collationné avec grand soin tous ces Antiphonaires & Graduels manuscrits, dont il y en avoit de neuf cent ans, & plus ; j'y ay trouvé tant de differences, & de contradictions, que cela fait bien voir ou que tous ces caracteres ne signifioient pas la mesme chose par tout, ou qu'il y en avoit au moins de corrompus.

3. Tous ces petits points, quoy que posez un peu plus haut ou un peu plus bas, ne pouvoient pas marquer precisément la difference du Ton & du semiton, de la Tierce mineure & de la Tierce majeure, de la Tierce majeure & de la Quarte, de la

Quarte & de la Quinte, de la Quinte & de la Sexte, de la Sexte & de la Septiéme, de la Septiéme & de l'Octave. Et par consequent l'on pouvoit se tromper à tout moment, il estoit facile de manquer, tres-difficile de bien dire, & mesme impossible de garder l'uniformité par tout.

4. La science du Chant a toujours esté certaine, evidente, & infaillible, parce que ses premiers Principes le sont, estant fondée sur la Mathematique : mais l'art de noter le Chant certainement, estoit en ce temps-là inconnu, puisqu'il ne consistoit purement ou subsistoit que dans la memoire de ceux qui le chantoient & le sçauoient par cœur; monument tres-fragile. Nous avons la preuve de cette verité par toutes les authoritez & les histoires que nous avons rapportées. Car pourquoy nos Roys se sont-ils donné tant de peine pour avoir en France la pureté du Chant Gregorien ? Pourquoy envoyer des Musiciens de leur Chapelle à Rome tant de fois pour y apprendre le Chant des Romains ? Pourquoy faire venir en France des Romains pour y enseigner la veritable façon de Chanter ? D'où sont provenus tant de changemens & de corruptions dans le Chant, que nous trouvons particulierement sous les Regnes de Pepin, Charlemagne, & Louis le Debonnaire ? sinon parce que le Chant n'estoit point noté. Car s'il avoit esté noté, sans envoyer des Musiciens à Rome, ny sans en faire venir en France, il ne falloit qu'avoir de Rome un Antiphonaire noté. Toutes les Nations connoissent universellement la figure & la situation des Notés sur les Regles & dans les Espaces par la connoissance des Clefs, comme toute la terre connoist un A & un B, dont les figures sont semblables

presque par tout. Mais infailliblement les Notes n'estoient pas encore inventées de ce temps-là, & tous ces petits points, virgules, & accens, n'estoient seulement que pour aider un peu à se ressouvenir du Chant. Il est vray que quelques Autheurs font mention des Antiphonaires notez, mais il faut entendre cela de ces ombres de Notes plutost que de la verité des nostres : puisqu'elles n'ont esté inventées qu'en l'année 1024. par ledit Aretin, auquel nous avons cette obligation d'avoir aresté & fixé le Chant par sa methode ingenieuse.

Deplus, les souverains Pontifes, & nos premiers Roys Chrestiens, qui ont parlé du Chant, n'ont jamais fait mention de Livres. Quand le Pape Vitalien envoya deux Chantres Romains, l'un nommé Jean, & l'autre Theodore, en Angleterre ; les Autheurs disent bien que Jean instruisit les Gaulois à chanter selon la coustume de Rome, mais ils ne parlent aucunement de Livres. Quand la Chapelle de Pepin fut instruite au Chant Romain par les Chantres du Pape Estienne II. il est dit que cette harmonie fut communiquée à tout le Royaume, sans parler un seul mot de Livres. Quand Charlemagne demanda au Pape Adrien I. des Chantres pour instruire les Prestres de France, ce Pape envoya Theodore & Benoist estimez les plus sçavans Chantres de l'Eglise Romaine, ainsi que plusieurs Historiens rapportent ; & Charlemagne en mit un à Mets, & l'autre à Soissons pour enseigner : mais il ne demanda point de Livres, parce qu'il sçavoit bien que ce n'estoit rien faire que d'avoir seulement des Livres, si ces Chantres Romains n'enseignoient par cœur & de vive voix le Chant des paroles lesquelles seules estoient contenües dans les Livres. Il est donc probable que les Antiphonaires que Vvalla & Amalarius demanderent à Rome, n'estoient que pour faire ressouvenir un peu du Chant qui estoit encore plus corrompu que jamais du temps de Louis le Debonnaire : & ces Notes, dont fait mention le Moine d'Angoulesme, ne peuvent estre que ces petits points, ou ces ombres de Notes en comparaison des nostres.

5. Considerons l'authorité de Radulphe : *Quoad Antiphonarium Romanum, hoc sustinendum est, quod in ordine Responsoriorum, & in versibus eorumdem occurrunt sæpè apud diversas Nationes & Ecclesias varietates. Imo in libris Romanis sæpiùs eandem notavi varietatem.* Il ne parle des Antiphonaires que pour l'ordre different des Antiennes & des Respons, sans parler aucunement du Chant. Davantage voyons l'authorité d'Amalarius : *Cum longo tempore tædio affectus essem propter Antiphonarios discordantes inter se in nostra Provincia, moderni enim alio ordine currebant quam vetusti, &c. Invenique discrepare à nostris non solum in ordine, verum etiam in verbis & multitudine Responsoriorum & Antiphonarum.* Il ne fait en tout mention que de la diversité des paroles, & de l'ordre different des Antiennes & des Respons dans tous ces Antiphonaires, mesme dans les Romains, sans dire un seul mot du Chant. Ce qui monstre bien qu'il n'y avoit point encore d'Antiphonaires certains de Chant, mais seulement de paroles : comme en ont encore quelques Religieux des Ordres qui ne chantent point, & ne font que reciter l'Office divin.

6. L'Imprimerie n'estant pas encore inventée, il n'y avoit rien de si facile aux Escrivains que de se tromper, en mettant un point un peu plus haut ou

un peu plus bas qu'il ne falloit ; ou dans la quantité en faisant trente points pour vingt-neuf ou trente-un ; ou de caprice en mettant aussi-tost un accent aigu qu'un trait oblique, ne sçachant pas à quoy pouvoit servir si peu de difference. Enfin toutes ces raisons prouvent assez clairement qu'il est impossible que le Chant Gregorien n'ait esté corrompu de temps en temps, & qu'il ne s'y soit glissé quelques abus. Mais pour monstrer qu'il est besoin de l'en purger entierement ; il faut satisfaire aux Objections proposées sur les Corrections qui se sont faites en divers Lieux avec les Authoritez necessaires.

1. *Objection.*

Le Chant Gregorien, tel qu'il est en usage, est assez correct, il ne falloit point du tout y toucher.

Response.

Dominentur nobis Regulæ, non Regulis dominemur ; disoit autrefois le Pape Celestin I. aux Evesques d'Illyrie, dans une occasion bien plus importante que celle-cy. Les Reigles de la Composition du Pleinchant sont certaines, evidentes, & infaillibles, comme ses premiers Principes le sont : or puisque le Chant Gregorien à ses huit Tons ou Modes, sur lesquels tous les Chants de l'Eglise roulent & sont fondez ; que chaque Ton a ses cordes essentielles, Dominante & Finale, sur lesquelles doivent commencer ou finir la pluspart des Chants ; que les bemols sont naturels & mesme ordonnez pour les uns, & les bequars pour les autres ; que les mauvais Progrés de Notes & d'Intervalles, & les fausses Relations du Chant sont absolument defendus ; pourquoy confondre tout cela, violer toutes ces Regles, ou les observer si peu en tant de Livres de Chants corrompus. Certes si l'on y pense attentivement, l'on y trouvera des abus tres-considerables à reformer. *Regula fidei sola immobilis & irreformabilis est : cætera disciplinæ & conversationis admittunt novitatem correctionis*, dit Tertulien. Mais ce qui est déplorable, c'est que la plufpart en jugent sans connoissance : c'est temps perdu que de répondre à ceux-là, sinon ces paroles de Quintilien, dont se servit autrefois S. Jerôme en pareille occasion, *Falices Artes si de iis soli Artifices judicarent.*

<small>Lib. de Virginibus velandis, cap. 1.</small>

2. Objection.

On est si accoustumé de chanter le Chant ordinaire, que le changement n'en peut apporter que du trouble. *Ipsa quippè mutatio consuetudinis, quæ adjuvat utilitate, novitate perturbat.* Ainsi que le témoigne S. Augustin.

<small>Epist. 171 ad Januarium.</small>

Responfe.

Cela est vray du Chant ordinaire qui n'est point corrompu ; & c'est un argument que j'employe pour empescher & combatre les abus des corrections qui se font tous les jours mal-à-propos, & sans authorité. Mais je monstreray dans la suite, par des experiences naturelles & des preuves convaincantes, que le changement du Chant corrompu, & le retranchement de ses erreurs, ne peuvent qu'apporter l'ordre & la décence Ecclesiastique, & remedier infailliblement à tous les desordres & cacophonies que l'on entend tous les jours dans nos Chœurs. C'est donc cette coustume qui a le plus contribué à garder ces abus, témoin le mesme S. Augustin, *Nec quicquam impedit correctionem nisi consuetudo cantantium.* Et ailleurs, dans les mesmes Ouvrages de S. Augustin, *Cantantium consuetudo mendis librorum patrocinatur.* Or l'usage doit ceder à la raison,

<small>Lib. 2. de doctrina christiana.</small>

son, quand elle est appuyée de l'authorité. *Usus* — Isid. *auctoritati cedat: pravum usum lex & ratio vincat.* cap. 8. *Dominus in Evangelio, inquit: Ego sum veritas.* August. *Non dixit, Ego sum consuetudo. Itaque veritate ma-* dist. 8e *nifestâ, cedat consuetudo veritati.* Il est donc probable que l'ignorance des Imprimeurs, apres celle des Noteurs, & l'inexactitude des Correcteurs y ont laissé glisser par succession de temps une infinité de fautes & de falsifications. Et si l'on voit tant de Livres de Chant remplis de fautes de mots, de lettres, de points, de virgules, de chifres, de rubriques, & d'autres choses qui ont leurs regles certaines ; pourquoy n'aura-t'on pas pû faire d'aussi grosses fautes de Chant, dont la pluspart des Notes sont arbitraires, ou dans la quantité, ou dans l'estenduë. Et ainsi l'on doit estre persuadé qu'il est besoin de le corriger par tout, & en toutes ses parties Apost. corrompües. *Omnia probate, quod bonum est tenete.* 1.Thess.5.

3. Objection.

Les loüanges de Dieu, selon les saints Peres, se doivent chanter plus du cœur que de la voix.

Response.

Cela est vray, mais non pas par des incongruitez & des solecismes, pour ainsi dire : Et tout ainsi qu'un Predicateur auroit mauvaise grace de faire de telles fautes en traitant la parole de Dieu, ainsi l'on n'a point de raison de ne se pas servir des Regles de l'Art pour Chanter ses loüanges, selon l'esprit du Psalmiste ; *Psallite sapienter: id est considerate, ut* Bellarm. *nullà in re fiat error. Cantores autem sunt, qui* exp.Psal. *Dei laudatores, repræsentant Predicatores: alios* 46. *ad Dei laudes excitantes. Eorum namque sympho-* Durandus de *nia plebem admonet in unitate cultûs unius Dei per-* Officiis *severare.* liv.2.c.20

D

4. Objection.

Le Chant de l'Eglise doit estre simple, comme la sainte Escriture est simple : Et pour nous servir de l'exemple allegué, si l'on preschoit comme les Apôtres, on n'en feroit que mieux.

Response.

Il est vray que l'Escriture est simple, mais elle est correcte, & selon les loix de la Grammaire : Et si les Predicateurs l'amplifient & l'expliquent avec quelques ornemens de Rhetorique, ce n'est qu'à la gloire de Dieu, à l'edification & conversion des auditeurs : ainsi l'on peut orner le Chant de quelques modulations regulieres, pourveu que ce soit conformément à l'idée Gregorienne, & à la bienseance Ecclesiastique, pour la consolation des Fideles : & dans l'esprit de S. Augustin, lorsqu'il s'addressoit à Dieu par ces paroles dans ses Soliloques ; *Cantem laudes tuas in jubilatione : & hac sit in hoc exilio meo consolatio mei.* Et si l'on parle de Dieu correctement, pourquoy ne chantera-t'on pas ses loüanges aussi correctement ? veu que le Chant doit estre une expression plus authentique de la parole accompagnée du cœur ; *mens concordet voci.* *S. Ben. in Reg.* Si donc le sujet demande de la joye interieure, pourquoy témoignerons-nous de la tristesse par nos chants lugubres, & au contraire? S'il y a une syllabe longue, pourquoy luy donner une Note breve? S'il y a une syllabe breve, pourquoy luy donner une ou plusieurs Notes longues? Pourquoy renverser toutes ces Regles, contre le sens mesme des paroles, avec des virgules de Chant mal à propos, & des Cadences ou conclusions à contre sens ? *Deo* *Ps. 146.* *nostro sit jucunda, decoraque laudatio.*

Mais de toutes ces raisons, l'on ne doit pas infe-

sur le Chant Gregorien.

ter qu'il soit permis à personne, sans quelque authorité, ou permission des Superieurs, de changer, augmenter, ou retrancher la moindre Note au Chant de l'Eglise ; comme l'on verra dans le Chapitre suivant, où je traiteray de la maniere illicite de chanter le Pleinchant.

CHAPITRE VII.

Des abus qui se sont glissez dans la maniere de chanter le Pleinchant.

Pour bien chanter le Pleinchant de l'Eglise, il n'y faut rien changer, ajoûter, ou diminuer; mais simplement chanter ce qui est dans le Livre. Cette verité se prouve par l'authorité suivante. *Traditur in regula Canonicorum: Nolite cantare, nisi quod legitis esse cantandum. Quod autem non ita scriptum est, ut cantetur, non cantetur. Nolite, imperativus sermo est, cadens sub præcepto. Quod igitur præcipitur, imperatur; quod imperatur, necesse est fieri. Si non fiat, pœnam habet. Ubi consilium datur, offerentis arbitrium est: Ubi præceptum, necessitas servientis, secundum beatum Gregorium. Sequitur: Nisi quod legitis in scripturis approbatis. De reprobis enim non loquitur sanctus Doctor. Sequitur: Quod autem non ita scriptum est: istud videtur superfluum, cum prius quæ scripta non sunt, nec per consequens legi possint, prohibuit decantanda. Sed prius de ipsis canendis, hic verò de modo canendi præcipit. Ut ea quæ cantanda sunt, non aliter, nec alio modo, quam*

Bibl. PP. tom. 16. propos. 7. Radulphi

Et positur dist. 14. q. 1.

D ij

secundùm quod scripta sunt, decantentur. Deuteronomii duodecimo in fine: Quod præcipio tibi, hoc tantum facito Domino, nec addas quicquam, nec minuas. *Tria ergo præcipit regula*; ut quæ scripta sunt, observentur; non scripta abjiciantur; nec scripta aliter quam scripta sunt decantentur.

Cette maniere de chanter autrement qu'il est noté, se fait ordinairement par ceux qui veulent fredonner sur le Pleinchant (ce qui est insupportable, particulierement à l'Autel) parce que non seulement ils ne gardent pas la bien-seance & la gravité que requiert le Service divin, mais encore ils détruisent l'essence du Pleinchant, qui doit estre simple & uny. Comme font ceux qui en chantant l'Evangile, ont toûjours le mesme fredon à tous les points, sans en oublier un seul, ainsi,

Et plusieurs autres choses semblables, ou passages, qui ne sont point du Pleinchant.

Cette maniere illicite se remarque encore plus precisément, quand on employe à la Preface des manieres de chanter qui ne sont propres qu'aux plus fines pieces de Musique, & seulement à quelques endroits, & tres-rares: comme certains accens, certaines langueurs, que l'on ne peut pas noter, & qui ne se peuvent exprimer qu'en chantant; neantmoins qui se marquent ainsi quelquefois dans la Note de Musique.

Et d'autres manieres semblables, & peu convenables à la gravité Ecclesiastique. C'est apparemment de ces nouveautez profanes de voix dont parle l'Apostre, & qu'il faut éviter, *Devitans profanas* t. ad Tim¹ *vocum novitates.*

Ce n'est pas que l'on ne puisse fort bien faire quelques ports de voix, pourveu que cela se fasse naturellement & sans affectation ; & quelques dièses en Cadence, lesquels sont mesme necessaires, comme à la penultiéme Note de l'Hymne de S. Jean, & en plusieurs endroits où la voix se porte naturellement, & que l'on fait mesme sans y penser. Mais de faire des passages & fredons au Pleinchant, des tirades ou roulades, des doubles cadences ou des simples avec affectation ; Toutes ces manieres sont indignes du Chant Gregorien.

Ces nouveautez profanes se peuvent encore entendre de ceux qui imitent des Chants profanes du monde, pour chanter ou composer des Chants d'Eglise à la maniere profane du siecle, & qui ne ressentent rien de l'esprit de l'Eglise. C'est precisément de ces nouveautez qu'il faut entendre ces paroles, *Depositum custodi, devitans profanas vocum novitates.* Car comme dit Radulphe, *Depositum est quod custodiendum alicui datum est. Igitur custodite sacri Canonis depositum. Prophanæ verò vocum novitates hîc accipiantur novi cantus,* (*scilicet non approbati, ac sine causa inducti:* comme il dit un peu apres.) Or ce depost des sacrez Canons qu'il faut garder, est évident par les termes des Conciles & des Peres.

1. ad Timoth. cap. ult. propos. 6.

1. Du Concile de Milan celebré par S. Charles. *In divinis Officiis, aut omninò in Ecclesiis, nec profana cantica, sonive, nec in sacris Canticis molles flexiones, voces magis gutture oppressæ quàm ore expressæ, aut deniquè lasciva ulla canendi ratio adhibeatur. Cantus & soni graves sint, pii, ac distincti, & domui Dei ac divinis laudibus accommodati: ut simul & verba intelligantur, & ad pietatem auditores excitentur.*

An. 1565. secunda partis Constitut. n. 51.

2. De S. Valérien Evesque. *Quotiescunque dulci voce mulcetur auditus, ad turpe facinus invitatur aspectus. Nemo insidiosis cantibus credat, nec ad illa libidinosa vocis incitamenta respiciat; quæ cum oblectant, sæviunt; cum blandiuntur, occidunt.*

In Bibliot. Patrum tom. 6.

3. Des Commentaires de S. Jerôsme. *Canere & psallere & laudare Dominum, magis animo quam voce debemus: hoc est quippe quod dicitur, Cantantes & psallentes in cordibus vestris Domino. Audiant hæc adolescentuli: audiant hi quibus psallendi in Ecclesia officium est, Deo non voce, sed corde*

Lib. 3. in Epistolam ad Ephes. c. 5.

sur le Chant Gregorien. 55

cantandum: nec in Tragœdorum modum guttur & fauces dulci medicamine colliniendas: ut in Ecclesia theatrales moduli audiantur & cantica, sed in timore, in opere, in scientia Scripturarum. Quamvis sit aliquis, ut solent illi appellare κακόφωνος, si bona opera habuerit, dulcis apud Deum cantor est: sic cantet servus Christi, ut non vox canentis, sed verba placeant quæ leguntur: ut spiritus malus, qui erat in Saüle, ejiciatur ab his qui similiter ab eo possidentur, & non introducatur in eos, qui de Dei domo scenam fecere populorum.

Contre ces sortes de Chants profanes, considerons ces termes de S. Jerosme, *Nec in Ecclesia theatrales moduli audiantur & cantica; sed in timore, in opere, in scientia Scripturarum.* Ces dernieres paroles nous monstrent évidemment qu'il est absolument necessaire aux Compositeurs d'avoir la science des lettres, afin d'exprimer par les Modes specifiques & par les Modulations propres, essentielles, & convenables aux sujets differens des matieres, le sens des Escritures; par ce moyen que les paroles sacrées fassent plus d'impression au cœur, que le chant aux oreilles; & que l'ame reçoive par ces paroles dignement chantées l'onction du S. Esprit. *Non sola vox canentis, sed magis verba placeant: ut spiritus malus ejiciatur ab his qui similiter ab eo possidentur.* C'est là le sens de S. Jerosme & de tous les SS. Peres qui en ont parlé, c'est l'Esprit de l'Eglise & sa fin principale à l'égard du Chant. Et cela ne s'entend pas seulement du Pleinchant, mais encore de la Musique, ainsi qu'il est si bien exprimé dans les sacrez Canons des Conciles, & dans les SS. Peres.

4. Du Concile de Trente. *Ab Ecclesiis Musicas* An.1562. sess.22.

D iiij

eas, ubi sive organo, sive cantû, lascivum aut impurum aliquid misceatur, arceant.

An. 1594.
titulo 35.

5. Du Concile d'Avignon. *Musices numeros ad pietatis sensum permovendum salubriter adhibet Ecclesia. Quapropter ejus studium in cunctis Ecclesiis non solum permittimus, verum etiam in dies augescere optamus. Ea tamen observatio habenda erit, ut non ad modulos profanarum cantionum, tum psalmi, tum cætera Ecclesiastica occinantur.*

An. 1607.
titulo 12.
cap. 7.

6. Du Concile de Malines. *Gravis tantum & quæ pios motus moveat Musica Officio divino adhibeatur; non etiam lasciva vel secularis. Similiter & Organa, & quacumque instrumenta Musica, tam in processionibus quam in Ecclesiis, modulatione suâ lascivas cantiones non imitentur; nec Præfationem aut Orationem Dominicam in Missa absumant.*

Ces voix profanes se peuvent mesme estendre à certains jeunes Clercs, lesquels chantans une Leçon, esleuent tellement leur voix insensiblement, & montent si haut à force de crier, qu'à la fin ils n'y peuvent plus atteindre. Ils forcent la nature, & font de la peine aux assistans.

An. 690.
Synodus
Trullana
can. 75.

7. Du Concile *in Trullo. Eos qui in Ecclesiis ad psallendum accedunt, volumus nec inordinatis vociferationibus uti, & naturam ad clamorem urgere; nec aliquid eorum, quæ Ecclesia non conveniunt & apta non sunt, adsciscere; sed cum magna attentione & compunctione Psalmodias Deo, qui est occultorum inspector, offerre.*

Lib. 2. de
Officiis
cap. 12.

8. De S. Isidore. *Cantorem voce & arte præclarum illustremque esse oportet. Vox autem ejus non aspera, non rauca, vel dissonans, sed canora erit, habens sonum & melodiam sanctæ religioni congruentem; non quæ traducem exclamet artem; sed*

qua Christianam simplicitatem in ipsâ modulatione demonstret; nec qua musico gestû vel theatrali arte redoleat, sed qua compunctionem magis audientibus faciat.

9. Des Oeuvres de S. Bernard, *Tractatu de Interiori domo, de vitiis & abusibus linguæ, Cantus, &c.* Tomi 5 cap. 28. *Sunt quidam voce dissoluti, qui vocis suæ modulatione gloriantur : nec tantum gaudent de dono gratiæ, sed etiam alios spernunt. Tumentes elatione, aliud cantant quàm libri habeant, tanta est levitas vocis forsitan & mentis. Cave ne sicut delectaris altitudine vocis, delecteris elatione mentis.*

L'on peut encore attribuer ces voix profanes aux laïques, qui veulent chanter aux Offices Ecclesiastiques la Note dont ils ne sçavent pas seulement la parole. Et c'est une chose déplorable d'entendre presque dans toutes les Eglises, les cacophonies, les incongruitez, les contre-temps, les faux Tons, & toutes les confusions de chant que font ces gens là avec des manieres si ridicules, qu'ils choquent les sçavans, donnent de la peine aux autres, & troublent le Service divin. Le moyen efficace d'empescher ces abus, ce seroit de publier souvent, leur faire entendre, & afficher dans chaque Eglise à plusieurs endroits, comme l'on a fait autrefois, les Oracles des Conciles, & des SS. Peres, comme ceux qui suivent.

1. Du Concile de Laodicée. *Patres Concilii statuerunt, non oportere præter canonicos cantores qui suggestum ascendunt, & ex diphtera seu membrana cantant : non autem memoriter, alium quemlibet in Ecclesia psallere.* Circa an. 364 c. 15.

2. Du Concile 2. de Tours. *Synodus sancivit, ut laïci secus altare, quo sacra mysteria celebrantur,* An. 567. cap. 4.

*inter clericos tam ad Vigilias quam ad Missas stare
penitùs non præsumant, sed pars illa, quæ à cancellis
versus altare dividitur, Choris tantùm* Psallentium
pateat Clericorum.

Homil. 1. in Isa.

3. De S. Chrysostome. *Sunt quidam inter hos qui hîc adsunt, qui spiritus eloquia pro vulgaribus & profanis ducentes, incompositas voces emittunt, nihiloque melius se gerunt his quos habet insania, toto corpore tumultuantes ac circumacti.* Quelques-uns sont si temeraires qu'ils chantent mesme la Preface, & tout ce que le celebrant doit chanter seul.

Idem S. Chrysost. ibidem.

Miser & infœlix ! Non cogitas ipsum hîc invisibiliter adesse Dominum, qui uniuscujusque motum metitur? Non cogitas quod Angeli huic stupendæ assistunt mensæ, cumque reverentia hanc circumvallant ? Verum tu ista non cogitas, ideò clamoribus nihil certi significantibus animum incompositum evulgas.

4. De S. Augustin. *Scienter cantare, non avi sed*

Expos. 2. Psal. 18.

homini divina voluntate concessum est. Beatus populus qui intelligit jubilationem. Proinde charissimi, quod consona voce cantavimus, sereno etiam corde nosse

Psal. 34.

debemus. Nemo Deo digna cantat, nisi qui ab illo acceperit quod cantare possit. Cordis autem sonum

Psal. 64. Psal. 67.

audit Conditor Hierusalem. Cantat Deo, qui vivit Deo ; Quando taces, os tuum clamat ad Deum. Habebunt Sancti Dei differentias suas consonantes, non dissonantes, id est consentientes, non dissentientes : sicut fit suavissimus cantus ex diversis quidem,

Psal. 150.

sed non inter se adversis sonis. Laudate Dominum in cymbalis jubilationis. *Cymbala in invicem tanguntur ut benè sonent, ideò à quibusdam labiis nostris comparata sunt. Ne quis autem cymbala intelligeret quæ sine anima sonant, ideò puto additum,* in cymbalis jubilationis. *Jubilatio namque, idest ines-*

fabilis laus, non nisi ab anima proficiscitur. Vos estis cymbala jubilationis benesonantia, quia consonantia. Ces paroles nous enseignent que nos cymbales, c'est à dire les levres du peuple, doivent estre d'accord avec celles des Chantres Ecclesiastiques; autrement les laïques doivent absolument se taire, & se contenter de chanter dans leurs cœurs selon les desirs de l'Apostre, *Cantantes & psallentes in cordibus vestris Domino.* Ad Ephesios cap. 5.

5. Du Venerable Bede. *Qui canit quod non sapit, bestia non cantor, qui non canit arte sed usu.* Libro de Musica quadrata.

6. D'Amalarius Fortunatus. *Chorus est consensio cantantium: In Choro cantantium quisquis voce discrepuerit, offendit auditum, & perturbat chorum.* De Officiis lib. 3. cap. 3.

7. Je ne puis mieux conclure ce Chapitre que par ces paroles de S. Bernard: *Moneo vos, dilectissimi, purè semper ac strenuè divinis interesse laudibus. Strenuè quidem, ut sicut reverenter, ita & alacriter Domino assistatis, non pigri, non somnolenti, non oscitantes, non parcentes vocibus, non præcidentes verba dimidia, non integra transilientes, non fractis & remissis vocibus muliebre quoddam balba de nare sonantes; sed virili, ut dignum est, & sonitu, & affectu voces sancti Spiritus depromentes. Purè verò, ut nil aliud, dum psallitis, quam quod psallitis, cogitetis. Spiritus enim sanctus illâ horâ gratum non recipit, quicquid aliud quam debes, neglecto eo quod debes, obtuleris.* Ex sermone xlvii. in Cantica.

CHAPITRE VIII.

Des abus commis au Chant Gregorien dans plusieurs parties de l'Office divin, contre les Regles de la science, prouvez par les termes de l'Epistre de S. Bernard, conformément aux mesmes Regles.

De ratione Cantus.

APres avoir monstré par toutes les authoritez precedentes, & par toutes les raisons possibles, que du temps de S. Gregoire, & du depuis jusqu'à Guy Aretin, il estoit tres-difficile de conserver le Chant dans sa pureté, qu'il n'y avoit rien de si facile que de le corrompre, qu'il estoit mesme impossible de ne s'y pas tromper, & qu'effectivement il a esté corrompu de temps en temps, à plusieurs fois, en differens Lieux, & mesme un peu à Rome : Prouvons ces abus par les Regles de la science, & par les mesmes termes de S. Bernard ; expliquons cette Epistre admirable, qui est une expression naïve, precise, & naturelle des Regles de la Composition du Pleinchant les plus authentiques : & ces Regles du Pleinchant sans doute ne sont pas autres que celles de la Musique simple, égale, & unie, à voix seule; desquelles sont convenus unanimement tous les Philosophes, Maistres, & Compositeurs anciens & modernes, comme Euclides, Boëce, Zarlin, Mercenne, Kyrker, Parran, de la Voye, & tant d'autres, qui ont écrit sur cette matiere, & lesquelles Regles encore aujourd'huy nous pratiquons inviolablement dans toutes nos Pieces de

Musique & de Pleinchant, comme il est exposé dans nos Traitez de la Composition.

S. Bernardi Abbatis Tractatus de ratione Cantus.

SAint Bernard dans ce Traité rend raison des corrections faites ou à faire au Chant Gregorien, qui estoit en usage dans son Ordre, & ailleurs. *Cantum quem Cisterciensis Ordinis Ecclesia cantare consueverant:* non seulement l'Ordre de Cisteaux, mais encore plusieurs autres: *licet gravis & multiplex obfuscet absurditas*: cette absurdité se peut entendre generalement de tous les abus du Chant, qui sont grands & en grand nombre: Neantmoins pour entrer d'abord en matiere, j'estime que c'est cette absurdité pesante & nombreuse de Notes superfluës sur certaines syllabes, laquelle non seulement trouble le Chant, obscurcit la veuë, dégouste l'oreille, mais encore offusque l'entendement, quand ce grand nombre de Notes est imposé à une syllabe qui doit estre breve, ou qui naturellement ne demande pas de Neume. C'est ainsi que les Anciens ont appellée une longue traisnée de Notes sur une mesme syllabe, comme nous en voyons dans les Graduels, dans les Alleluya, & leurs ℣℣. dans les Respons, & autres parties de l'Office divin. De dire que c'est un abus d'imposer plusieurs Notes sur une syllabe qui doit estre breve, cela se prouve par la Regle de la Composition, qui enseigne que la Note doit estre composée pour la parole, & doit s'accommoder à la quantité de Grammaire, ou à la quantité de prononciation, laquelle encore prévaut sur celle de Grammaire: Mais comme c'est une des plus grandes questions du Chant, nous la reservons pour un Chapitre particulier ; ce sera le 10. De dire aussi que l'on ne doit pas indifferemment composer tant de Notes sur de certaines syllabes incommodes à prononcer, & qui ne demandent point naturellement de Neumes; & que la confusion des Notes superfluës sur quelque syllabe que ce soit, ne peut rien contribuer à la décence du Chant; cela se connoist par la prudence & le bon sens des Compositeurs. On en verra les exemples dans le mesme Chapitre 10. de la quantité des Notes. *Diù tamen canentium commendavit authoritas:* Ce n'a jamais esté que la coûtume des Chantres qui ait authorisé le chant corrompu. Ce qui a fait dire à S. Augustin, *Nec quicquam impedit correctionem nisi consuetudo cantantium.* Et c'est cette coustume dépravée qu'il faut abolir, & qui a esté suffisamment refutée. *Sed quia penitùs indignum videbatur, qui regulariter vivere proposuerant, hos irregulariter laudes Deo decantare;* C'est une chose tout à fait indigne, que des personnes qui d'ailleurs vivent regulierement, chantent les loüanges de Dieu avec tant d'irregularité. Cela prouve qu'il faut se servir des Regles pour corriger tous les Chants irreguliers & corrompus. *Ex eorum assensu cantum ita correctum invenies, quatenus eliminatâ falsitatum spurcitiâ, expulsisque illicitis ineptorum licentiis, integrâ Regularum veritate fulciatur, aliorumque cantibus quibus erat deterior, ad notandum & cantandum commodior habeatur.* Voila ces fausses Relations & ces licences vitieuses dans les Intervalles, qui sont absolument défendües par les Regles, & qu'il faut retrancher pour corriger le Chant, & l'appuyer totalement de la verité des mesmes Regles, pour le

Lib. 2. de Doctrina Christiana.

rendre plus commode à noter & à chanter. *Dignum siquidem est, ut qui tenent Regulæ veritatem, prætermissis aliorum dispensationibus, habeant etiam rectam canendi scientiam.* Tout cela confirme ce qu'il a dit auparavant: *Repudiatis eorum licentiis qui similitudinem magis, quam naturam in Cantibus attendentes, cohærentia disjungunt, & conjungunt opposita: sicque omnia confundentes, Cantum prout libet, non prout licet, incipiunt & terminant, deponunt & elevant, componunt & ordinant.* Je croy que cela s'entend de ceux qui prenans l'ombre pour la verité, sans avoir égard à la nature des Chants, separent les Notes & les paroles qui doivent estre jointes dans l'Intonation des Antiennes; & joignent celles qui n'ont aucun raport essentiel entr'elles, c'est à dire qui font dépendre la terminaison specifique des Pseaumes du commencement des Antiennes: & ainsi confondant tout, ils commencent les Antiennes & terminent les Pseaumes, abaissent & eslevent, composent & ordonnent ces commencemens d'Antiennes & ces fins de Pseaumes, non pas selon les veritables Regles, mais selon leur sens, qu'ils veulent faire passer pour des Regles inviolables. Ces abus seront clairement expliquez dans le Chapitre des Antiennes, & dans celuy des Pseaumes. *Unde nemo miretur aut indignetur si Cantum aliter quam huc usque audierit, in plerisque mutatum invenerit:* C'est pour rendre raison de tous les changemens. *Ibi enim aut irregularis est progressio,* voila les mauvais Progrez dans les Intervalles irregulieres, & qui procedent, non pas sur les cordes essentielles, mais sur celles qui sont estrangeres, & qui sont appellées hors du Mode dans les Regles de la Composition : *aut progressioni sive dispositioni reclamat compositio*: c'est par exemple la Reclame ou la Reprise des Respons, qui n'est pas composée sur une corde essentielle du Mode, & c'est cette composition qui repugne au progrez & à la disposition du Verset, apres lequel on doit chanter la Reclame du Respons: *aut compositionem dissolvit oppositio*; c'est à mon avis cette opposition de Notes superfluës dans l'Intonation des Antiennes, qui coupe & interrompt la suite du Chant. *Hec omnia Regularum perfectionem magis exterminantia quam determinantia.* Toutes ces choses estant contraires à la perfection des Regles & à la raison, comme il sera plus amplement prouvé cy-apres. *Ut autem magis mireris & abhorreas hujusmodi ineptiam, inspice hanc Antiphonam*, Nos qui vivimus, &c. Cette Antienne sera cy-apres examinée. *Præterea sunt multi Cantus duplices & irregulares.* Et en effet il y en a que l'on ne peut pas dire precisément s'ils sont du 1. ou du 2. du 3. ou du 4. du 5. ou du 6. du 7. ou du 8. parce que le Plagal qui doit avoir son estenduë en bas, quelquefois monte si haut qu'il surpasse l'estenduë de l'Authentique; & au contraire celuy-cy qui doit avoir son estenduë en haut, quelquefois passe ses limites, en descendant si bas qu'il se confond avec son Plagal. *Quod vero contra Regulam sic ascendant & descendant, testantur etiam ipsi Doctores erroris; sed per licentiam dicunt hoc fieri, regulas confundentes ut vitia retineant, non vitia resecantes ut regulas custodiant.* C'est une chose admirable comme ce Pere de l'Eglise ait pû descouvrir tous les defauts des Modes, les licences vitieuses, les mauvais Progrez, les fausses Relations, conformément à nos Regles les plus essentielles de la Composition : & qu'il ait declamé si

fortement

fortement contre ces faux Docteurs, comme il les appelle, *Doctores erroris, iniqui prævaricatores*, lesquels veulent confondre les Regles pour retenir les fautes, au lieu de retrancher les erreurs pour garder les Regles. *Regulas confundentes ut vitia retineant, non vitia resecantes ut Regulas custodiant. Quæ est ista licentia, quæ regionem perambulans dissimilitudinis, confusionem adducens incertitudinis, præsumptionis mater & refugium erroris, veritatem deprimit, & perturbat judicium?* C'est encore cette confusion de Notes dissemblables & opposées aux Regles. *Quæ est inquam hæc illicita licentia, quæ conjungens opposita, metasque naturales transgrediens, sicut inconcinnitatem juncturæ, ita & injuriam irrogat naturæ?* C'est encore cette opposition formelle, cette contrarieté des fausses Intervalles, & cette Estenduë forcée, qui repugnent mesme à la nature. *Luce siquidem clarius est, Cantum illum male & inordinate compositum, qui vel ita deprimitur, quatenus prout decet audiri nequeat; vel ita elevatur ut cantari non valeat.* Cecy confirme ce qu'il a déja dit des Chants mal composez. *Si ergo opus singulare & ab omnibus Antiphonariis diversum fecisse reprehendimur, id nobis restat solatii, quod nostrum ab aliis ratio fecit diversum: alia vero inter se diversa fecit casus, non ratio, vel aliud quidpiam quod in causâ casum non præponderat.* Et c'est ce hazard, ou quelque chose qui ne vaut pas mesme ce hazard (expression merveilleuse) & non pas la raison, qui a fait tous ces Antiphonaires differens les uns des autres. *Licet enim in vltiis omnia ferè conveniant, in quibus tamen rationabiliter convenire possent, adeo disconveniunt, ut Idem Antiphonarium nec duæ canant Provinciæ. Mirum præ unde videri potest, quare majoris fuerint auctoritatis atque communioris notitia falsa quam vera, vitiosa quam sana. Ut enim de comprovincialibus loquar Ecclesiis, &c. Si identitatem inveneris, age Deo gratias.* Cette fin monstre les desordres & les confusions du Chant dans toutes les Provinces. Les Exemples de tous ces abus se produiront cy-après dans le 10. Chapitre. Et dautant que ces confusions proviennent encore de la diversité des figures & caracteres, dont on s'est servi en notant ou imprimant le Pleinchant; en voicy les veritables Regles.

CHAPITRE IX.

Du nombre, des figures, & de l'usage des Caracteres du Pleinchant.

DOuze Caracteres sont suffisans pour le Pleinchant: *Frustra multiplicantur entia sine necessitate.*

Le premier consiste en quatre regles, sur lesquelles & dans leurs espaces sont situées toutes les Notes. La cinquiéme regle, que certains novateurs ont adjoutée, est inutile & embarassante, parce que toute l'estendüe du Pleinchant exactement corrigé ne contient que les quatre regles; & les changemens de Clefs y sont tres-rares.

Le second Caractere est la Clef de C sol ut fa, ou bien par la methode du si, la Clef de C sol ut, faite ainsi ▮ ou ainsi ▮ laquelle ne peut estre située que ▮ sur la 1. ▮ ou sur la 2. ou sur la 3. regle, & jamais sur la ▮ 4. ou tres-rarement: parce que la Clef de C. sur la 2. regle avec un b mol à l'ordinaire en B. a tout le mesme effet que la mesme Clef sur la 4. sans b mol ; car on dit toujours sur cette 4. regle ut, soit de cette maniere ou de l'autre, & les autres Voix consecutivement par ordre. Cela s'entend pour le Chant, & non pour l'Orgue, ny pour les autres Instrumens : mais comme nous ne parlons icy que du Chant, il est inutile de dire du 5. en C. & du 5. en F. parce qu'il n'y a aucune difference.

Le troisiéme Caractere est la Clef d'f ut fa, faite ainsi ⸺ ou ainsi ⸺ laquelle n'est jamais située que ⸺ sur la 2. ⸺ regle, ou tres-rarement sur la ⸺ premiere.

Les 4. & 5. Caracteres, sont les deux Notes, la longue & la breve, faites ainsi ■ ♦ , mais comme c'est une des plus grandes questions du Chant, nous reservons d'en parler dans le Chapitre suivant, pour combattre l'opinion de ceux qui n'en veulent qu'une, sçavoir la longue.

Les 6. & 7. Caracteres, sont les deux barres, la grande & la petite, faites ainsi ⸺ lesquelles sont instituées pour marquer ⸺ l'endroit où tout le Chœur ensemble doit prendre haleine, & faire une petite pose à la petite barre, & une plus grande à la grande barre. Elles sont au Chant ce que sont les virgules aux paroles : c'est pourquoy toujours aux deux points & souvent aux virgules on met une grande barre pour marquer le Chant complet, répondant au sens parfait : & la petite barre sert aussi pour faire un moment respirer tout le Chœur ensemble, afin que pas un n'aille plus viste que les autres, & que l'uniformité du Chant soit gardée par tous & en tout avec une mesure égale. Et à la fin de chaque piece on met deux grandes barres pour marquer la fin du Chant. Ces barres estant instituées pour cet effet, c'est le moyen le plus efficace qu'on ait trouvé pour remedier à toutes les cacophonies & contrarietez des Voix des Chantres, lesquels sans cela ne peuvent pas deviner quand les autres voudront se reposer. Mais les abus de ces barres sont presque universels : car les Noteurs & les Imprimeurs se sont imaginé qu'il en falloit à tous les mots, de sorte que s'il y a quatre, cinq, six, ou sept monosyllabes de suite, ils y mettent autant de barres que de Notes : comme si toutes les Notes n'estoient pas de soy autant & encore plus separées les unes des autres quand elles ne sont pas liées, & sans barres, que sont distinguez tous les mots les uns des autres, & sans barres. C'est probablement de cette confusion que parle S. Bernard, *Qua est ista licentia, qua confusionem adducens incertitudinis, &c.* Et en effet cette confusion de barres ne sert de rien, puisque les Notes sont de soy distinctes comme sont les mots ; & non seulement toutes ces barres sont inutiles & embarassantes, mais encore (ce qui est remarquable) elles détruisent le grand bien & l'effet salutaire de leur Institution ; parce que les Chantres ne sçachans plus où se reposer, les uns retardent & les autres avancent, ce qui cause les plus grands desordres du Chant : & cet excés de barres remet le Chant dans ses premiers abus, lequel estoit sans aucune barre, comme nous voyons dans les plus anciens Manuscrits.

Le 8. Caractere est le guidon, fait ainsi sur la regle ou dans l'espace ou ainsi pour marquer ou sera situé la Note suivante en l'autre ligne.

Le 9. Caractere est le bemol, fait ainsi dans l'espace ou rarement sur la regle lequel se marque toujours en B, & très-rarement en E.

Les trois autres Caracteres sont fort peu en usage.

Le 10. est le point, entre deux Notes breves, lequel augmente la precedente & diminuë la suivante, pour observer une certaine mesure reglée, par exemple à deux temps, telle qu'est celle des Hymnes *Ut queant laxis*, *Iste confessor*, &c. Quelquefois le point se met aussi entre une Note longue & une breve, & en ce cas il ne fait qu'augmenter la longue d'une moitié de sa propre valeur, en sorte que le point consideré avec la breve suivante accomplissent la juste mesure d'une Note longue.

Le 11. Caractere est la liaison faite ainsi ‿ ou ainsi ⌒ laquelle sert pour lier deux ou plusieurs Notes breves, ou longues & breves, sur une mesme syllabe ; pour garder la mesure reglée de quelques Hymnes, & de certaines Proses mesurées, comme *Veni sancte Spiritus*, ou de quelques autres pieces de Pleinchant.

Le dernier Caractere est le dièse fait ainsi ✕ ou ainsi ✗, lequel sert pour adoucir la Note suivante, ou sur laquelle ou sous laquelle il est posé. Quoy que les dièses soient rarement marquez dans le Pleinchant, neantmoins la voix se porte assez naturellement où il en faut faire ; comme à la penultiéme Note d'*Ut queant laxis* ; à l'antepenultiéme d'*Exultet cœlum laudibus* ; & de presque tous les Versets de *Lauda Sion Salvatorem*, sur le fa qui precede les deux sol de la fin de chaque Verset ; & en plusieurs autres endroits du Pleinchant.

CHAPITRE X.

De la quantité des Notes.

DEux grandes questions sont agitées dans ce Chapitre, de la quantité des Notes en nombre, & de la quantité des Notes en valeur : l'une considere la bien-seance Ecclesiastique ; l'autre est fondée sur les Principes de la Musique, conformément à la quantité de Grammaire des paroles sacrées. La premiere est telle, sçavoir si l'on a deu retrancher quan..é de Notes au Pleinchant. La seconde, sçavoir si l'on doit observer la quantité de Grammaire & de prononciation dans le Pleinchant. Je soûtiens l'affirmative de ces deux propositions, & les prouve par l'authorité des Conciles & des Peres, par les Regles de la science, & la raison. Commençons par la premiere, (quoy que la seconde y soit aussi prouvée d'avance en plusieurs endroits.)

An D.
1564.
Congr. v.
1. Des Actes du Concile de Reims. *Abbrevietur Cantus quantum fieri poterit, quando super unam syllabam aut dictionem plures sint Notulæ quam par sit : similiter quod in Cantu habeatur ratio literæ seu verborum debita pronuntiationis, & quantum fieri poterit observentur quantitates.*

Il est encore vray-semblable & tres-probable de dire que le Concile de Trente ordonna cette mesme reformation, quoy qu'il n'y en ait point de Decret par écrit : parce qu'aussi-tost après qu'il eut esté celebré, on imprima tous les Livres de Chant, Graduels, Antiphonaires, particulierement les Romains, dans presque tous les Royaumes Catholiques, avec ces Corrections dans plusieurs Parties du Pleinchant : c'est une chose de fait, & nous avons encore devant les yeux les Manuscrits & les Impressions de ce temps-là, dans lesquels nous voyons evidemment que l'on a retranché un grand nombre de Notes, & que plusieurs syllabes breves, à chacune desquelles sont imposées plusieurs Notes dans ces Manuscrits, n'en ont qu'une chacune dans ces Impressions. Mais ces Corrections ne sont pas exactes par tout le Pleinchant que l'on a imprimé, comme nous verrons cy-après.

2. De Rabanus Maurus, *de institutione Clericorum. Accentuum vim oportet lectorem scire, ut noverit in quâ syllabâ vox protendatur pronunciantis: quia multæ sunt dictiones, quæ solummodo accentu discerni debent à pronunciante, ne in sensu earum erretur. Sed hæc à Grammaticis discere oportet. Porro vox lectoris simplex esse debet & clara, & ad omne pronunciationis genus accommodata, plena succo virili, agrestem & subrusticum effugiens sonum: non humilis, nec adeò sublimis, non fracta, non tenera, nihilque fœmineum sonans: non habens inflata vel anhelantis verba, non in faucibus frendentia, nec oris inanitate resonantia: nec aspera frendentibus dentibus, non hiantibus labris prolata, sed pressim & æqualiter & leniter & clarè pronunciata: ut suis quæque litera sonis enuncientur, & unumquodque verbum legitimo accentu decoretur.* Cap. 52.

3. Dans la Bibliotheque des Peres, *libro de Canonum observantia. In Graduali beati Gregorii Romæ paucæ sunt Notæ. Et credendum quod plures Notæ secularium super illis sine auctoritate existant.* Radul. tit proposit. xxiii.

4. Les Regles de la Composition ne permettent

pas que les Progrés de Notes se fassent immediatement sur les cordes qui ne sont pas essentielles au Mode dont il s'agit : ny que la multiplicité des Notes rebatte deux ou plusieurs fois la mesme corde; ny que deux Cadences de suite tombent sur le mesme degré. Or plusieurs parties du Pleinchant, non seulement des Manuscrits, mais des Impressions mesme, sont encore remplies de tous ces défauts : lesquels veritablement S. Bernard n'ignoroit pas quand il dit ces paroles toutes pleines de force & d'energie, *Quæ est ista licentia, quæ confusionem adducens incertitudinis, præsumptionis mater & refugium erroris, veritatem deprimit, & perturbat judicium ?* C'est là justement cette confusion de tant de Notes inutiles & superfluës qui rebattent toûjours la mesme corde, montant & descendant sans dessein, sans regle & sans consideration, que toutes ces Notes semblent plutost avoir esté mises & posées au hazard que de propos deliberé : & c'est ce hazard (ou quelque autre chose de moins) qui est exprimé par ces mesmes paroles de S. Bernard, *alia verò inter se diversa fecit casus, non ratio, vel aliud quidpiam quod in causâ casum non præponderat.* Pour estre pleinement convaincu de cette verité, voyons-en quelques exemples que j'ay fidelement tirez des plus authentiques Manuscrits, & des Impressions les plus celebres : dans lesquels on découvrira facilement toutes les fausses Relations, les mauvais Progrés, les Cadences rompuës, les Oppositions irregulieres, les Intervalles estrangeres, enfin toutes les erreurs & tous les defauts cy-devant marquez, par la force des Regles de la Composition ; comme les décrit excellemment S. Bernard, *Ibi enim aut irregularis est progressio, aut*

sur le Chant Gregorien.

progressioni sivè dispositioni reclamat compositio, aut compositionem dissolvit oppositio. Mais il faut auparavant convenir du premier Principe, *Fœlices artes, si de ijs soli artifices judicarent.* Quintil.

Exemples des erreurs du Chant contre les Regles precedentes.

74 *Dissertation*

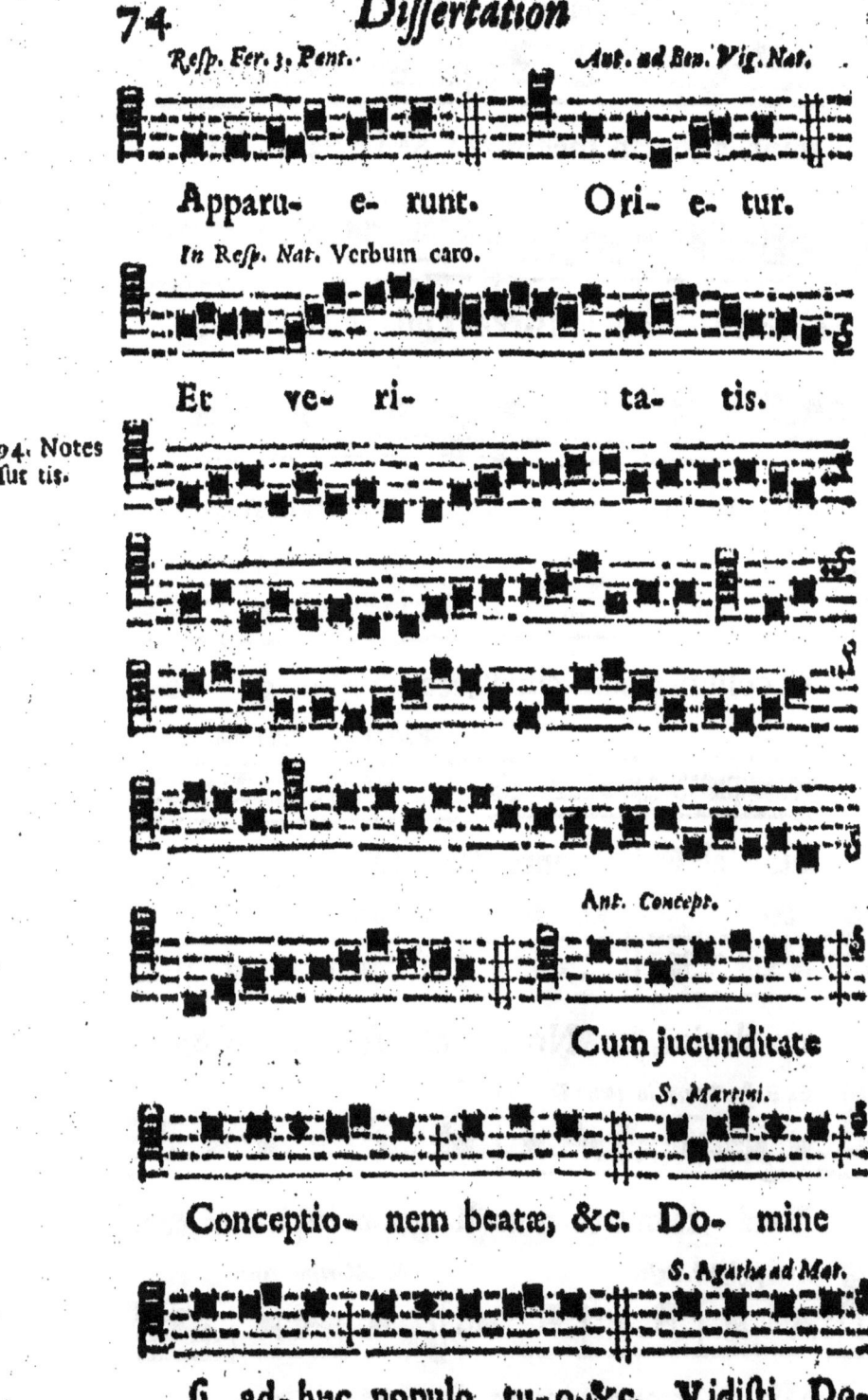

sur le Chant Gregorien. 75

mine agonem meum, &c. Sed quia nolui

Ad Laudes.

obedire mandatis, &c. Quis es tu qui ve-

S. Agnetis.

nisti ad me curare, &c. Dexteram meam

Resp. Epiph.

& collum meum cinxit, &c. Ma- gi ve-

Resp. Fer. 2. post Dom.

niunt ab Ori- ente, &c. Di-xit Jo- seph

3. Quad.   *Resp. Dominica in Palmis.*

un-decim, &c. No-li es- se mi- hi, &c.

Ex Resp. Fer. 5. in cœna D.

Veni- te mit-ta-mus li- gnum in panem, &c.

Ant. post Oct. Pasc.   *S. Martini Ant.*

Mit-te manum tuam, &c. Marti-nus A-

E vj

Dissertation

Resp. De Apostolis.

brahæ si- nu læ-tus, &c. Ec-ce e- go

Ant. SS. Io. & Pauli.

mit-to, &c. Astite- runt justi ante Do-

Ant. S. Michaëlis. *Ant.*

minum, &c. Dum committeret bellum, &c. Ar-

Decoll. S. Joannis *Ant. Dom. 2.*

gu- ebat Herodem Joannes, &c. Defici-

post Ep. *Ant. Septuag.* *Ex Resp. Conceptio tua.*

ente. Conventi- one. do- na- vit

Ant. Purif.

no- bis vi- tam. Cum in- du-

ad Ben.

ce- rent puerum Je- sum pa- rentes e-

jus, accepit e- um Sy- me- on, &c.

Sur le Chant Grégorien. 77

Ex Resp. Fer. 6. in Parasceve, Tenebræ.

vo- ce ma- gna, De- us, &c.

Fer. 2. post Dom. 4. post Pasc. Ex Resp. Dicant nunc.   Ant. ad Laud.

qui redem- pti, &c.   Quem vidi-

Nat. D.

stis pa- stores? dicite, annuncia- te

nobis, in terris quis apparuit : na- tum

vidimus, & choros An- gelorum collaudan-

tes Dominum, alleluya alle- luya.

Resp. Dom. 4. post Pasc.

Narra- bo no- men tu- um fra- tribus, &c.

Resp. Pentec.

Reple- ti sunt, &c. pro- ut Spi- ritus

Cette Cadence parfaite de Composition, exprimée en ces deux mots inseparables (selon les Regles veritables du Chant) *proclamat turba*, & plusieurs autres endroits où les virgules du Chant sont tout à contre sens des paroles, montrent evidemment que ceux qui ont reglé ces sortes de Chants n'avoient pas beaucoup de lettres; car il estoit facile de faire terminer le Chant à ce mot *proclamat*, puis qu'il depend des paroles precedentes pour le sens, *Chorus sanctorum proclamat*; & faire commencer l'autre sens du Chant à ce mot *turba*, puis qu'il apartient au sens des paroles suivantes, *turba virginum invitat*. Le mesme raisonnement se doit faire à l'égard de l'Exemple precedant: car le Chant de la maniere qu'il est composé, a son sens tout opposé à celuy des paroles, dont le veritable sens est marqué par ces virgules, *O crux splendidior cunctis astris, munde celebris, hominibus multum amabilis*. Et le Chant est reglé ou disposé tout à contre sens, comme s'il y avoit, *splendidior cunctis, astris mundo, celebris hominibus*, &c.

C'est apparemment de ces absurditez, dont parle S. Bernard, *licet gravis & multiplex obfuscet absurditas, diù tamen canentium commendavit authoritas.* Pour confirmer cette pensée, si quelquefois l'on a manqué de personnes d'erudition pour corriger exactement les Breviaires, aussi l'on a pû quelquefois manquer de Musiciens assez sçavans pour corriger exactement le Chant : Car sans parler des corrections que l'on a faites mesme au Breviaire Romain, par exemple de cette Antienne des Laudes de la Purification, *Revertere in terram Iuda, &c* ; qui rapelloit Nostre Seigneur de l'Egipte avant qu'il y fust allé, laquelle on a ostée & substituée en sa place celle-cy, *Lumen ad revelationem gentium, &c* ; Et de ces paroles, *O Martine dulcedo, medicamentum & medice!* que l'on a retranchées de l'Antienne de *Magnificat* des secondes Vespres de S. Martin ; Les ponctuations des Pseaumes ne sont pas encore exactes par tout aujourd'huy, par exemple dans le Pseaume 86. *Fundamenta*, le dernier Verset, *Sicut lætantium omnium : habitatio est in te.* La plusart des sçavans tiennent qu'il faut, *Sicut lætantium : omnium habitatio est in te.* A plus forte raison, les points, les virgules, ou cadences du Chant, estant en plusieurs endroits tout à contresens des paroles, prouvent clairement l'inexactitude des Correcteurs; veu que cette Antienne, *Revertere*, & ces paroles, *O Martine dulcedo, medicamentum & medice*, de cette autre Antienne de S. Martin, sont encore imprimées aujourd'huy dans les Antiphonaires Romains, & des editions

80 *Dissertation*

les plus celebres, & assez nouvelles. Mais poursuivons de voir encore quelques Exemples des corruptions du Chant dans les Graduels tant manuscrits qu'imprimez.

Grad. Dom. 2. Adv. Vers.

Congrega- te, &c.

Ex eadem Dom.

Allelu- ya.

Ex Vers. Lætatus.

in do- mum Do- mi- ni, &c.

Ex Grad. Nativit. D. 1. Missa.

luci- ferum, &c.

Comm. ejusdem M.   *Off. 1. M.*

In splendo- ribus sancto- rum. Tui sunt.

Sumus

sur le Chant Gregorien. 81

sur le Chant Gregorien. 83

Ex Int. Gaudeamus.   *Ex Communione*

di- em festum ce- le- bran-tes.   inven-

de Com. Virg. Simile est.

ta au- tem una pre- tio- sa margari-

Ex Offert. B. M. V. Beata es Virgo.

ta.   Ma- ri- a, quæ omnium, &c.

Ex Hymno Gloria in excelsis.

Domine De-us, Rex cæ-les- tis, De-us

Pater omni- potens. Domine De-us,

A- gnus De- i, fi- lius Pa- tris, &c.

Et toûjours de cette maniere jusques à la fin.
Je passe sous silence tant d'autres endroits du
Chant corrompu dans plusieurs Livres. Par exemple, au Graduel du 1. Dimanche de l'Advent,
36 Notes sur la derniere syllabe de ce mot *Domine*. Au ℣. de l'*Alleluya* du 2. Dimanche de

F ij

l'Advent, 59 Notes sur la premiere syllabe de ce mot *atrys*. 34 Notes sur la derniere syllabe de l'*Alleluya* du 4. Dim. de l'Advent: à son ℣. 57 Notes sur la 1. syllabe de *plebis*. Au ℣. de l'*Alleluya* de la 3. Messe de la Nativité de N. S. *Dies sanctificatus*, 7 Cadences ou cheutes sur la finale. Au Graduel de S. Jean l'Evangeliste, *Exijt sermo*, 7 Cadences toutes accomplies sur la mesme corde dans la premiere partie seulement de ce Graduel. Au ℣. de l'*Alleluya* de la Circoncision, *Multifarie*, 12. Cadences complettes sur la Dominante. Au Graduel du 2. Dimanche apres l'Epiphanie, 31 Notes sur la penultiesme syllabe de ce mot *Confiteantur*. A l'Introite de la Sexagesime, *Exurge*, dix cheutes ou progrêz sur la mesme corde de Fa. A l'Introite de la Quinquagesime, *Esto mihi*, onze progrêz sur la finale. A l'Offertoire du mesme Dimanche, *Benedictus es*; 3. cheutes sur le Si tout de suite. Le Graduel du 1. Dimanche de Caresme, & plusieurs autres tous semblables à celuy des Defunts, avec toutes les mesmes redites & les mesmes Notes rebatuës sur la mesme corde. Au Graduel de la Ferie 4. apres le 1. Dimanche de Caresme, *Tribulationes*, 33 Notes sur la penultiesme syllabe de ce mot *laborem*. Au Graduel de la Ferie 5. apres le 3. Dimanche de Caresme, *Oculi omnium*, 38 Notes sur la penultiesme syllabe qui est breve de ce mot *Aperis*. A l'Offertoire de la Ferie 2. apres le Dimanche de la Passion, *Domine convertere*, 8 Cadences complettes tout de suite sur la finale. Au Traict du Dimanche des Palmes, 33 Notes sur la seconde syllabe de ce premier mot *Deus*. Au Graduel de la Ferie 2. ensuite, *Exurge*, 41 Notes sur la premiere syllabe de ce mot du ℣. *eos*. A la Communion de la sainte Ferie 5. *Dominus Iesus*, 8 Cadences sur la finale. Au ℣. d'un *Alleluya* qui est marqué dans quelques Livres au 2. Dimanche apres Pasques, *Surrexit pastor bonus*, 37 Notes sur ce monosyllabe *pro*. Au Dimanche de l'Octave de l'Ascension, dans l'*Alleluya* & le ℣. *Non vos relinquam orphanos*, 8 progrêz de Notes tous semblables avec leurs terminaisons sur la mesme Dominante. A l'Offert du Dimanche de l'Octave du S. Sacrement, *Domine convertere*, 8. Cadences de suite sur la finale. A l'Introite du 3. Dimanche apres la Pentecoste, *Respice in me*, encore 7 Cadences sur la finale. Au ℣. d'un *Alleluya* qui est marqué dans plusieurs Livres au 8. Dimanche apres la Pent. *Te decet hymnus*, 70 Notes sur la derniere syllabe de *Ierusalem*. Et au 2. ℣. ensuite du mesme Dimanche, *Replebimur in bonis*. 105 Notes sur la derniere syllabe de ce mot *æquitate*. A l'Introite de la Ferie 4. des quatre-temps de Septembre, *Exultate Deo*, 12 Cadences sur la finale. Au ℣. de l'*Alleluya* de la Conception, *Fœlix es sacra Virgo*, 4 progrêz semblables de Notes avec leurs terminaisons sur la mesme corde dans les quatre derniers mots, *justitia Christus Deus noster*. Dans la Communion de S. Damase Pape; *Domine quinque talenta*, 6 ou 7 progrêz de Notes semblables, principalement à ces mots, *Euge serve bone & fidelis*, &c. Au ℣. d'un *Alleluya* qui est marqué dans quelques Livres à la Feste de S. Jean Baptiste, *Inter natos mulierum*, 62 Notes sur la premiere syllabe de ce mot *major*. A l'Introite du Commun d'un Martyr au temps Paschal, *Protexisti*, 7 Cadences complettes de suite sur la

Dominante. A l'Introite du Commun des Docteurs, *In medio Ecclesiæ,* 7 terminaisons tout de suite sur la mesme finale. A l'Introite du Commun d'une Vierge & Martyre, *Loquebar,* 9 Cadences ou progrêz sur la Dominante.

Enfin ce ne seroit jamais fait, si l'on vouloit marquer tous les defauts, & rendre raison de tous les changemens & corrections que l'on a pû faire dans le Chant corrompu. Or c'est avec justice que l'on en a supprimé plusieurs, comme ces *Kyrie* des anciens manuscrits qui estoient marquez pour les plus grandes Festes, & sont abolis 1. Parce que le premier *Kyrie* & le *Christe* sont presque tout de mesme que le *Kyrie* Paschal, & le *Christe*; toute la difference qu'il y a n'estant que puerile, ne vaut pas la peine d'en faire un separé. 2. C'est qu'il est impossible de le chanter avec bienseance, car le second *Kyrie* va si bas en A. tout en bas, & le dernier va si haut en G. tout en haut, que cette estenduë exorbitante & forcée de quatorze degrez est impossible à la Voix humaine. Contre ces sortes de Chants s'escrie S. Bernard, *Quæ est hæc illicita licentia, quæ conjungens opposita, metasque naturales transgrediens, sicut inconcinnitatem junctura, ita & injuriam irrogat naturæ? Luce siquidem clarius est, Cantum illum malè & inordinatè compositum, qui vel ita deprimitur, quatenus prout decet audiri nequeat, vel ita elevatur ut cantari non valeat.*

Mais voyons encore comme l'on a passé d'une extremité à l'autre, de la quantité des Notes superfluës à la simplicité de celles qui doivent estre variées ou multipliées. Je veux dire qu'il y a certaines Antiennes, & des plus grandes Festes de l'année, dont le Chant est si simple & ferial, qu'elles ressemblent plustost à des Oraisons que l'on recite tout droit, qu'à des Antiennes dont le Chant doit estre varié. Telles sont les trois Antiennes de Matines de la Pentecoste, dont voicy les commencemens.

Factus est repentè de cælo sonus.

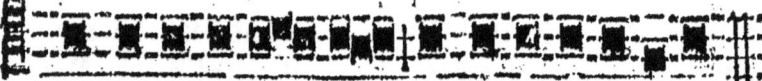

Confirma hoc Deus, quod operatus es in, &c.

Emitte Spiritum tuum.

Ces Chants veritablement pour des Antiennes solennelles n'ont pas la gravité & la bienseance Ecclesiastique, qui consiste à varier & composer un nombre raisonnable de Notes sur certaines syllabes que la prudence du Compositeur y sçait imposer; & c'est ce Chant nouveau du Psalmiste, qu'un sçavant Cardinal interprete un Chant bien fait & sagement composé: *Cantate Domino canticum novum, id est, laudate, & gratias agite cum Cantu, & lætitia. Vocat autem canticum novum, canticum pulchrum, & sapienter compositum.*

Bellarm. in Eplic. Psal. 95.

Par exemple voicy comme ces Antiennes sont corrigées:

Factus est repentè de cælo so- nus.

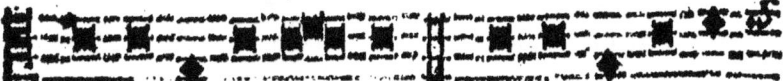
Confirma hoc De- us.   Emitte Spiri-

tum tu- um, &c.

Ce Chant n'est-il pas plus conforme à la solennité, à la bienseance, & à la gravité que requiert le service divin ? Et toute cette correction ne consiste qu'à varier & adjoûter quelques Notes avec prudence & discretion : car c'est la mesme substance du Chant, le mesme Ton, le mesme Mode, les mesmes Cadences, & les mesmes cordes essentielles ; mais la modulation en est variée conformément à la decence Ecclesiastique. Quelques uns ont pensé que ce Chant tout droit avoit esté peut-estre imposé à cette Antienne, *Factus est repentè de cælo sonus*, pour exprimer le son de la Trompette, & du tonnerre. Mais cette opinion ne peut pas subsister, 1. Parce que la Trompette n'est pas bornée à un seul Ton, mais son estenduë va jusques à la sixiesme majeure, six differens sons tout de suite & par degrêz conjoints, sans compter sa Quarte en bas & ses Octaves qu'elle a encore justes & pleines. Or cette correction represente parfaitement

parfaitement la Trompette, puisque le commencement de cette Antienne, de la manière qu'elle est modulée, procede par la Quarte en descendant, remonte aussi-tost à sa Dominante, procede ensuite par degrez conjoints jusques à la Tierce majeure, puis enfin retombe & se termine sur sa Dominante, qui est la veritable corde & la plus essentielle de la Trompette, & tous ces Tons variez sont precisément les Tons naturels de la Trompette. 2. Le Tonnerre n'a pas seulement un son, mais il tonne tantost foible & bas, & tantost fort & haut; ce qui ne se peut pas moins exprimer que par la continuation d'un seul & mesme son. 3. Pour monstrer que cette raison est nulle & sans aucun fondement, c'est que dans les autres Antiennes auxquelles on a imposé ce mesme Chant tout droit, il n'y a ny Trompette ny Tonnere : *Confirma hoc Deus* ; *Emitte spiritum tuum* : *Zelus domus tuæ* ; *Euntes ibant* ; *Post dies octo* ; *&c.* Mais en voila assez pour cette question de la quantité des Notes en nombre, passons à la seconde pour l'examiner encore plus particulierement.

L'AUTRE QUESTION, de la quantité des Notes en valeur, n'est pas moins importante, sçavoir si l'on doit admettre dans le Pleinchant des longues & des bréves, suivant la quantité de Grammaire ou de prononciation des paroles qui se chantent ? Je soûtiens huit Propositions sur cette matiere, fondées sur la science, l'usage, & le bon sens des plus illustres Compositeurs, lesquels j'ay consulté sur tous les chefs de ce Traité.

1. La quantité de prononciation s'y doit garder entierement, parce que le Chant doit perfectionner la prononciation, & non pas la corrompre.

F v

2. La quantité de Grammaire s'y doit observer absolument pour toutes les penultiesmes dans les mots de plus de deux syllabes.

3. La quantité de Grammaire, dans les mots de plus de deux syllabes, s'y doit garder le plus qu'il est possible pour toutes les syllabes aussi qui ne sont point penultiesmes, pourveu qu'elle ne repugne pas à la décence du Chant, ny à la prononciation.

4. De deux syllabes bréves de quantité, dans un Polisyllabe, la premiere est ordinairement longue de prononciation : neantmoins si le Chant requiert autrement, l'on peut la faire aussi bréve de prononciation.

5. Pareillement dans un mot de deux syllabes, dont la premiere est bréve de quantité, elle est ordinairement longue de prononciation : mais le Compositeur pour la décence du Chant (si le cas y échet) peut la faire bréve.

6. Dans un mot de deux ou plusieurs syllabes, la derniere est ordinairement longue : neantmoins si elle est bréve de quantité, elle est arbitraire dans le Chant. Mais s'il suit un monosyllabe, (& non pas deux,) la diction qui le precede, pourveu qu'elle ait sa penultiéme longue, (& non autrement,) peut avoir sa derniere syllabe bréve dans le Chant, mesme quand elle seroit longue de quantité.

7. Toutes les dictions monosyllabes sont ordinairement longues dans le Pleinchant : neantmoins les bréves de quantité sont arbitraires.

8. Dans certaines Hymnes & Proses, où le Chant est composé d'une mesure reglée, & invariable, comme à deux ou à trois temps, les Notes longues répondant aux syllabes qui doivent estre

longues de quantité suivant la Regle des Vers, & les Notes bréves aux syllabes qui doivent estre bréves; on n'y doit garder aucune quantité de Grammaire au prejudice du Chant, parce que c'est la faute du Poëte, quand quelque Note longue échet à une syllabe bréve, ou aucontraire une Note bréve a une syllabe longue. Les exemples cy-aprés alleguez feront mieux comprendre ces choses. Et toutes ces Propositions seront éclaircies, prouvées, & resoluës par les Réponses aux Objections suivantes.

1. Objection.

Ces Notes bréves que l'on a affecté de mettre presque à toutes les syllabes bréves, ne sont point dans l'origine du Plainchant. Et en effet, *planus*, c'est à dire plain, parce qu'il est fondé sur la raison d'égalité qui est plaine & unie: Si vous ostez cette mesure d'égalité, en mettant des Notes longues & des Notes bréves, vous détruisez l'essence du Plainchant: & ainsi toutes les Notes & les syllabes indifferemment longues & bréves, doivent estre égales sans observer aucune quantité de Grammaire.

Réponse.

1. Le Cardinal Bona définit ainsi le Plainchant, *Porrò Cantus à Gregorio Magno institutus ille est planus & unisonus, progrediens per certos limites & terminos Tonorum, secundùm naturalem generis diatonici dispositionem.* Reprenons tous ces termes, & les expliquons. Trois qualitez font l'essence du Plainchant; *Planus*, c'est à dire plain, égal dans toutes ses Notes longues; & à proportion, plain, égal dans toutes ses Notes bréves. L'essence du Plainchant ne consiste pas en ce qu'il doit avoir

De rebus liturg. lib 1. cap. 25.

toutes ses Notes égales entierement, *omnes omnino*; mais seulement les longues égales aux longues, les bréves égales aux bréves, en sorte que deux bréves ne valent qu'une longue ; voila la premiere qualité qui constituë l'essence du Plainchant, & le fait differer de la Musique, laquelle est fondée sur la raison d'inégalité indéfinie, parce qu'elle a autant de mesures qu'il y a de parties en la quantité. *Unisonus*, c'est à dire à l'unisson, & non pas à la Tierce ou à la Quinte, ny mesme à l'Octave ; & ce mot constituë la seconde qualité de son essence, & le fait differer de la Musique qui se sert de ses Consonances. *Secundùm naturalem generis diatonici dispositionem*; le genre Diatonique constituë la troisiéme qualité essentielle du Plainchant, qui procede par les Tons naturels, sans se servir des feintes selon le genre Cromatique, dont se sert le plus souvent la Musique, & c'est ce qui fait aussi sa difference essentielle. Voila les trois qualitez de l'essence du Plainchant ; plain ou égal dans ses Notes longues, plain ou égal dans ses Notes bréves ; à l'unisson ; & selon le genre diatonique. Ce n'est donc pas détruire l'essence du Plainchant, au contraire c'est l'établir & l'affermir que d'y faire deux sortes de Notes, longues & bréves : & c'est le sentiment & la pratique de tous les plus excellens Compositeurs.

2. Plusieurs bons Autheurs écrivent le Plein chant par un e, *plenus cantus*, plein dans ses Tons, plein dans ses progrés, plein dans les Voix ; & cette plenitude constituë essentiellement le seul genre diatonique atribué seul au Plein-chant, à la différence de la Musique dont l'essence consiste dans le mélange du Diatonique & du Cromatique dont tous

les Tons ne sont pas seulement pleins, mais aussi feints quelquefois, avec la diversité nombreuse de ses mesures. Et c'est la veritable signification de ce mot, *plenus*, & celle qui convient le mieux au Pleinchant de l'Eglise, *Plenus Ecclesiæ cantus*. Cela n'empesche pas qu'il n'ait ses mesures égales, au contraire ce mot, *Plenus*, les constituë pleinement égales, & non pas totalement égales ; c'est à dire égales dans ses longues, & à proportion égales dans ses bréves, mais non pas de cette égalité absoluë, plate, & entierement, *Planus omnino* : que je nie absolument. Voyez-en les autres raisons convaincantes.

3. L'Ecriture sainte n'est pas faite pour le Chant ou aprés le Chant, mais le Chant est fait aprés & pour l'Ecriture sainte, & pour les paroles que l'Eglise nous met en la bouche pour chanter les loüanges de Dieu : Si ces paroles estant prononcées observent les Regles de la Grammaire, pourquoy le Chant en sera-t'il exempt ? ou plutost pourquoy le Chant n'aura-t'il pas aussi cet avantage, veu que le Chant est une expression plus authentique de la prononciation des paroles. Si nous parlons de Dieu avec la grace des accens de la quantité, pourquoy n'employerons-nous pas cette mesme grace pour chanter ses loüanges. Et c'est justement ce que S. Bernard exprime admirablement dans son Epistre, *Quæ est ista licentia, quæ metas naturales transgrediens, sicut inconcinnitatem junctura, ita & injuriam irrogat naturæ* ? Car il est vray de dire que cette prononciation n'est point naturelle, *Domi-ne, Ordi-nem*. Jamais l'on n'a prononcé regulierement ces mots avec la penultiéme longue : Encore moins doit-on le faire dans le Chant, parce que le Chant

doit perfectionner la prononciation plutost que de la corrompre : Par exemples,

Domi-   ne,   Do-   mine,

Paſſi-   o-   nis,   Paſ- ſio- nis,

Veu que de cette maniere c'eſt toute la meſme choſe, la meſme eſſence du Pleinchant, les meſmes Notes, les meſmes Tons, & le meſme nombre de Notes, ſans en avoir changé ny augmenté ny diminué une ſeule.

4. Pour monſtrer d'une maniere convaincante que ce n'eſt pas la raiſon d'égalité, (car voila le ſeul argument qu'on fait & qui va eſtre encore renverſé) mais l'ignorance, ou le hazard, qui a introduit dans le Pleinchant de faire longues meſme les ſyllabes bréves : c'eſt que ſans prejudicier à la raiſon d'égalité ny à l'eſſence du Pleinchant, on auroit pû mettre une ſeule Note ſur chaque ſyllabe bréve, & cela auroit aucunement ſuffi pour les faire diſtinguer des autres qui ſont chargées de pluſieurs Notes. Et pour nous ſervir du meſme exemple, on auroit pû faire ainſi,

Do-   mine.   Paſ-   ſio- nis.

La raiſon d'égalité y eſt entierement obſervée. Mais ce qui auroit eſté encore bien mieux, c'eſt que ſans prejudicier du tout à la quantité de Grammaire, ny à la raison d'égalité dans le Pleinchant, on auroit pû l'accommoder en sorte qu'il y eust toujours deux Notes bréves, ou un point & une bréve, pour equivaloir une longue, & ainsi toujours garder une mesme & égale mesure. Et pour ne point sortir de nostre Exemple, c'est ainsi qu'on auroit pû faire,

Do- mine.   Pas- sio- nis.

De cette maniere on auroit parfaitement gardé l'inégalité des syllabes, & l'égalité entiere de la mesure. Y a-t-il rien de plus evident, & de plus utile pour les Eglises de Musique où l'on chante sur le Livre.

5. Ce n'est pas une question, de sçavoir s'il y a des syllabes longues, s'il y en a de bréves ? Personne ne revoque en doute cette verité. Mais c'est une question de sçavoir si la mesure totalement égale dans le Pleinchant est plus melodieuse & agreable, que d'estre entremeslée de quelques mesures inégales ? Chacun a son opinion sur cette matiere, il n'y a point de Regles à cet égard. Or dans le doute il faut prendre le parti le plus expedient, sçavoir la mesure inégale, qui au moins est indifferente, pour s'accommoder à l'inégalité des syllabes qui est necessaire & absoluë. Joint à cela que non seulement tous les Compositeurs, mais mesme toutes les personnes de bon goust, ayment mieux (sans mesme faire aucune reflection à la quantité des syllabes) cette mesure égale entremeslée un peu d'inégalité, que cette mesure totalement égale.

6. Ceux qui soutiennent le plus opiniâtrement l'égalité totale des Notes, admettent de l'inégalité dans le Chant Psalmodique, & dans le Chant metrique : pourquoy non aussi dans le Pleinchant ordinaire ? Et en effet plusieurs Hymnes & Proses, comme *Conditor*, *Iste Confessor*, *Veni sancte Spiritus*, demandent essentiellement une certaine mesure inégale, reglée, & invariable; affectée à ces sortes de Chants. Il est vray que dans le Chant poëtique on est quelquefois obligé de faire une syllabe longue breve, & une breve longue, comme dans ces mots, *Conditor*, *Christe*, mais pour lors c'est la faute du Poëte, car la mesure estant bien reglée, cette longue & cette bréve ne se rencontrent pas dans les autres strophes : & ainsi de quelques dictions en certaines strophes d'Hymnes & de Proses. De là on ne doit pas trouver étrange de voir tant de Notes bréves sur des syllabes longues dans le Symbole de Nicée du Chant Gregorien simple & facile; l'antiquité l'a ainsi exposé en maniere de Chant metrique pour le faire apprendre & retenir plus facilement à tous les peuples. Il faut aussi remarquer que tout ainsi que dans la prononciation des dictions de plusieurs syllabes, on ne s'arreste guere qu'à la penultiéme quand elle est longue, ou bien quand elle est bréve à l'antepenultiéme pour la faire longue, toutes les autres syllabes ordinairement passant plus legerement, sans qu'on observe leur quantité : de mesme dans le Chant Psalmodique des dictions polysyllabes, on ne s'arreste qu'à la penultiéme quand elle est longue, ou bien quand elle est bréve à l'antepenultiéme pour la faire longue, toutes les autres syllabes passant pour bréves, sans qu'on prenne garde à leur

leur quantité. Mais dans le Pleinchant ordinaire toutes les syllabes quoy que bréves des dictions polysyllabes, (exceptée la penultiéme quand elle est bréve qui se fait toujours bréve,) se peuvent faire longues, quand la décence du Chant le requiert, & c'est la pratique universelle de tous les Autheurs : Neantmoins la mesure convenable à chaque syllabe, tant qu'il sera possible sans changer le fonds du Chant, le rendra beaucoup plus parfait ; principalement les i devant les voyelles longues dans les mots de plus de deux syllabes doivent toujours se faire brefs, comme dans ces mots, *congregatione*, *confessione*.

2. Objection.

La gravité & la bien-séance Ecclesiastique ne permettent pas que l'égalité des Notes soit interrompuë d'inégalitez : & ces Notes bréves qui viennent de temps en temps frapent l'oreille à contresens, & choquent mesme la Nature.

Responce.

1. La Musique, qui consiste en plusieurs nombres ou Notes inégales & diverses en figure & en valeur, a esté receuë & admise authentiquement dans les divins Offices : comme nous l'apprend le Concile d'Avignon, *Musices numeros ad pietatis sensum permovendum salubriter adhibet Ecclesia. Quapropter ejus studium in cunctis Ecclesiis non solum permittimus, verum etiam in dies augescere optamus.* Voila une belle authorité pour la Musique : à plus forte raison pour le Pleinchant, qui ne consiste qu'en deux sortes de Notes seulement, longues & bréves, pour observer la quantité deuë aux paroles : ce que recommandé si fortement le Concile de Reims cy-devant cité, *Similiter quod* An.1594 tit. XXXVI

An.1564 congr. v.

in Cantu habeatur ratio litteræ seu verborum debi-
tæ pronuntiationis, & quantum fieri poterit obser-
ventur quantitates. Cette inégalité n'est donc pas
contraire à la gravité & bien-seance Ecclesiastique,
mais plutost y est absolument necessaire ; car comme dit fort bien Rabanus Maurus, *multæ sunt* [De Institu-
dictiones, quæ solummodo accentu discerni debent à tier. li.
pronunciante, ne in sensu earum erretur. Sed hæc à cap. 5 2.
Grammaticis discere oportet.

2. Tant s'en faut que cette diversité de Notes
repugne à la bien-seance, qu'aucontraire elle est
fort utile & agreable, témoin S. Basile, déja cité
au commencement, *Utilis in psalmorum est decan-*
tationibus diversitas atque varietas, ob eam causam,
quod in perpetua similitudine & æqualitate, animi
plerumque torpedo quædam oboritur, atque tædium.
Par là nous voyons que cette égalité totale & absoluë des Notes est plus capable d'ennuyer que de
plaire : & cette égalité perpetuelle, que S. Basile
n'approuve point, se doit entendre particulierement dans les Antiennes, lesquelles en ce temps-là
estoient toutes extraites & tirées des Pseaumes mesmes qui se chantoient, comme plusieurs le sont encore aujourdhuy ; car à la fin de chaque Pseaume
on en repetoit un Verset, ou une sentence des plus
propres à estre meditées ; & c'est ce que nous appellons Antienne, laquelle doit estre encore plus
variée que le Pseaume, tant en sa modulation,
qu'en ses Notes, longues & bréves, conformément aux Regles de la Musique & de la Grammaire, lesquelles sont entre-elles parfaitement d'accord, bien loin d'estre contraires, comme certains
S. Bern. Autheurs se le sont imaginé, *Similitudinem magis*
tract. de *quam naturam in cantibus attendentes.*
rat. Can-
tus.

3. Enfin si cette inégalité des Notes interrompt quelquefois l'égalité de la mesure, si ces Notes bréves qui viennent de temps en temps à la traverse choquent la nature ; cela marque & figure merveilleusement les traverses de ce monde, & ses consolations meslées d'amertumes : c'est le partage de l'Eglise militante ; cette égalité parfaite & perpetuelle represente l'Eglise triomphante, ou les Anges & les Bien-heureux ne cessent jamais de chanter, *Sanctus, Sanctus, Sanctus.* Nous autres qui avons l'honneur de faire icy dans le temps ce que les Saints font dans l'Eternité, tantost nous participons à leur joye par la douceur & l'égalité des Notes que nous chantons à leur imitation, d'où S. Gregoire de Nazianze dit, *Psalmodia est præludium cælestis gloriæ* ; tantost nous éprouvons les contradictions de la nature corrompuë par l'inégalité des Notes dans les loüanges que nous rendons à Dieu, lesquelles nous ne pouvons pas chanter en cette vie que tres-imparfaitement ; comme dit excellemment le Cardinal Bellarmin : *Beatis quidem in cælo psallere Deo suavissimum est, & ideo ne ad momentum quidem cessant à laudibus, quoniam dulcedinem Dei in ipso fonte suavitatis sine intermissione degustant : nobis autem nunc dulce est canere Deo, nunc laboriosum, quoniam non semper gustamus quam suavis Dominus ; sed tunc solum, cum ex gratia Dei, & precedente meditatione assurgimus ad cognitionem, & accendimur ad amorem.*

Dato non concesso.

Orat. 40.

In expl. ps. 134.

3. Objection.

L'authorité de S. Augustin doit l'emporter, qui montre dans le 2. livre de sa Musique, que dans le Chant on n'observe point la quantité de Grammaire. Voicy ses termes, *Cum dixeris, cano, vel in versu forte posueris, ita ut vel tu pronuntians producas hujus verbi syllabam primam, vel in versu eo loco ponas, ubi esse productam oportebat, reprehendet Grammaticus, custos ille videlicet historiæ: nihil aliud asserens, cur hanc corripi oporteat, nisi quod hi qui ante nos fuerunt, & quorum libri extant, tractanturque à Grammaticis, eâ correptâ, non productâ usi fuerint ; quare hic quicquid valeat, auctoritas valet. At vero Musica ratio, ad quam dimensio ipsa vocum rationabilis & numerositas pertinet, non curat nisi ut corripiatur vel producatur syllaba, quæ illo vel illo loco est secundum rationem mensurarum suarum. Nam si eo loco ubi duas longas syllabas poni decet, hoc verbum posueris, & primam quæ brevis est, pronuntiatione longam feceris, nihil Musica omnino succenset. Tempora enim vocum ea pervenere ad aures, quæ illi numero debita fuerunt. Grammaticus autem jubet emendari, & illud te verbum ponere cujus prima syllaba producenda sit, secundum majorum, ut dictum est, auctoritatem, quorum scripta custodiunt.*

Response.

1. S. Augustin ne parle que des mots de deux syllabes, & ne raporte que ce seul Exemple, *cano*, *Cum dixeris, cano* ; lequel il repete plusieurs fois par tout le chapitre : or nous demeurons d'accord, principalement dans le Pleinchant, que la premiere syllabe de tous les mots de deux syllabes se fait ordinairement longue, quoy qu'elle soit bréve selon la quantité de Grammaire : c'est la pratique universelle de tous les anciens & modernes : & cette pratique vient de la prononciation, pour confir-

nier encore ce que j'ay dit, que le Chant doit s'accommoder à la prononciation.

2. J'ay dit ordinairement, & non pas toujours, parce que S. Augustin montre evidemment dans ce mesme passage qu'il y a deux occasions, dans la premiere desquelles il est loisible au Compositeur de faire longue ou bréve la premiere des mots de deux syllabes qui de soy est bréve : & dans la seconde occasion qu'il doit necessairement la faire longue ; ou la faire bréve quand mesme elle seroit longue de soy, selon la raison de la mesure. La premiere occasion est quand la décence du Chant le demande : Or cette décence dépend purement de la prudence, du choix, & du bon goust du Compositeur ; & c'est ce qu'il faut entendre par ces paroles, *Nam si eo loco ubi duas longas syllabas poni decet, hoc verbum posueris, & primam quæ brevis est, pronuntiatione longam feceris, nihil Musica omnino succenset.* A quoy je répond aussi avec les mesmes termes, *Atqui duas longas syllabas eo loco poni non decet : ergo si eo loco ubi duas longas syllabas poni non decet, hoc verbum posueris, & primam quæ brevis est, etiam pronunciatione brevem feceris, nihil Musica omnino succenset.* Voila le si de S. Augustin qui n'impose aucune necessité. Voicy l'autre occasion de necessité absoluë, c'est quand le Chant est determiné & composé d'une mesure inégale & invariable ; par exemple de triple dans quelques Hymnes & Proses, comme *Veni sancte Spiritus, Conditor almæ syderum, Immense cæli conditor.* Il arrive quelquefois qu'une syllabe longue se fait bréve necessairement quand elle échet sur une Note qui doit estre bréve, comme la premiere syllabe de ces mots dans l'Hymne *Conditor, Christe, Mor-*

tis : ou qu'une syllabe bréve se fait longue necessairement quand elle échet sur une Note qui doit estre longue, comme la premiere syllabe de ces mots dans la Prose *Veni sancte Spiritus*, *Veni*, *tuo*, *nihil*. Voila le veritable sens de ce passage.

3. Mais je veux encore que ce passage s'estende jusques aux dictions de plus de deux syllabes. En ce cas je soustiens que S. Augustin n'entend cela que dans les vers, comme sont les Hymnes & les Proses, d'une mesure inégale & reglée, où il suppose (& il est vray) qu'on ne peut pas changer la mesure des Notes, parce qu'elle est une fois reglée dans ces sortes de vers pour estre invariable ; mais que l'on pouroit plutost changer la parole pour s'accommoder à la mesure deuë aux Notes. Et en effet considerez ses termes, *in versu eo loco ponas* ; Et par tout le chapitre il repete toujours ce vers de Virgile, *Arma virumque cano, Troiæ qui primus ab oris* : C'est donc dans les vers. *Ubi esse productam oportebat ; cur hanc corripi oporteat ; Musica ratio ad quam dimensio ipsa vocum rationabilis & numerositas pertinet ; secundum rationem mensurarum suarum* ; *Tempora vocum ea pervenere ad aures quæ illi numero debita fuerunt* : Toutes ces paroles monstrent la mesure invariable. *Grammaticus jubet emendari, & illud te verbum ponere cujus prima syllaba producenda sit* : Voila la parole qu'on pouroit plutost changer que la mesure. Or S. Augustin n'auroit jamais dit cela de l'Ecriture sainte, dont toutes les Antiennes & tous les Répons, qui font le corps du Pleinchant, estoient entierement composez de son temps, tels que sont encore aujourd'huy tous les Répons & toutes les Antiennes du Breviaire des Chartreux & de celuy

de Cluny. Il est donc constant que cela ne se peut entendre à toute rigueur des mots de plusieurs syllabes que dans la mesure reglée des vers, comme l'on fait necessairement la penultiéme de *Conditor* longue, parce qu'elle échet à une Note qui doit estre longue. C'est la mesme raison que la precedente. Dans ces occurrences c'est la faute du Poëte qui n'a pas toujours reglée la mesure de ses pieds comme la mesure du Chant est totalement reglée. Et en cette occasion la Grammaire doit ceder à la science du Chant, l'authorité de celle-cy doit l'emporter sur l'autre. *Quare hic quicquid valeat, authoritas valet.* Et ainsi ce passage de S. Augustin ne fait rien contre les Notes bréves du Pleinchant, au contraire il confirme la pratique universelle de tous les bons Autheurs.

Il est donc evident par les Conciles, les Peres, & la raison, que l'on doit avoir égard à la quantité des longues & des bréves dans le Pleinchant; & l'on en doit estre pleinement convaincu par toutes les raisons & les authoritez precedentes. Mais poursuivons par l'examen particulier de quelques abus encore affectez à chaque partie de l'Office.

CHAPITRE XI.

Du commencement de l'Office divin.

LE ℣. *Deus in adjutorium meum intende, &c.* n'estant qu'une preparation à l'Office divin, se doit chanter tout droit, à la reserve d'une petite elevation au commencement & une autre à la fin, sans aucune autre inflection ou modulation plus diverse & figurée. C'est en quoy ceux qui le chantent du 6. Ton, ou de quelque façon que ce soit, autrement qu'il est noté cy-après, ne suivent pas l'intention de l'Eglise, qui a fait cette Rubrique dans tous les Livres les plus authentiques, *Deindo clara voce dicitur*, & dans quelques autres, *alta voce dicitur*, *Deus in adjutorium meum intende*. Dire à voix claire ou à voix haute, c'est tout au plus chanter tout droit. Et S. Benoist dans sa Regle ordonne le commencement de l'Office par ces paroles, *Præmisso in primis versu*, *Deus in adjutorium meum intende* : Il ne parle point encore de Chant jusqu'à l'Antienne, que nous appellons Invitatoire, avec son Pseaume *Venite*, & là seulement dit qu'il faut commencer de chanter, *Psalmus nonagesimus quartus cum Antiphona aut certè decantandus*: C'est à dire en vray Pleinchant, & non pas tout droit, comme *Domine labia mea aperies*, *&c.* ny presque tout droit, comme *Deus in adjutorium meum intende*, *&c.*

Cap. 9.

CHAPITRE XII.
DES ANTIENNES.

Où il est traité à fond des huit Tons de l'Eglise.

POUR commencer de chanter ou Entonner une Antienne, ou quelque autre partie de l'Office que ce soit, la Regle commune & tres-bonne est de prendre garde & faire une reflection serieuse à la Dominante du Chœur, laquelle doit estre reglée selon la qualité des Voix qui le composent: car c'est aller directement contre la nature raisonnable, de pretendre eſtablir une meſme Dominante pour les Voix baſſes, les moyennes, & les plus hautes.

Pour l'intelligence parfaite de ces choſes, l'on doit ſçavoir que tout le Chant conſiſte en huit Modes ou Tons, leſquels ſe peuvent reduire à quatre par leurs finales, & meſme à deux par la ſeule difference de la Tierce majeure & de la Tierce mineure.

Les Tons nonpairs s'appellent Authentiques ou principaux ; les autres ſe nomment Plagaux ou dépendans, parce qu'ils n'ont que les meſmes finales des Authentiques. Et ainſi le 1. & le 2. ont une meſme finale, le 3. & le 4. le 5. & le 6. le 7. & le 8. Toute leur difference ne conſiſte que dans l'eſtenduë, laquelle eſt en haut pour les Authentiques, & en bas pour les Plagaux. Les Compoſiteurs y mettent encore une autre difference, ſçavoir dans les Progrés, & ſeulement dans les troiſiéme, quatriéme, & huitiéme, parce que ces Tons doivent le plus ſouvent proceder par la Quarte (mediatement ou immediatement) en commençant par la finale : & tous les autres doivent proceder par la Tierce & la Quinte, ſuivant les premiers Principes des cordes eſſentiellement naturelles.

Chaque Ton à deux cordes eſſentielles, appellées finale & Dominante, ſur leſquelles ſont fondées & roulent toutes ſortes de Chants. La finale eſt celle par laquelle on doit le plus ſouvent commencer, & finir toujours. La Dominante eſt celle qui domine le plus ſouvent dans le Chant, & ſur laquelle ſe fait la teneur des Pſeaumes, des Oraiſons, & de tout ce qui doit ſe chanter tout droit, ou quaſi tout droit. C'eſtpourquoy cette Dominante doit eſtre un peu plus haut que le milieu de la Voix naturelle, & non plus bas : parce que dans tous les Tons l'Eſtenduë des Notes eſt plus grande au deſſous de leurs Dominantes qu'au deſſus. Mais pour la prendre bien juſte & en bon ton, ce n'eſt pas une petite difficulté.

Pour les Voix communes & ordinaires, on met la Dominante du Chœur en A. de l'Orgue, (j'entend les Orgues qui ſont au Ton de la Chapelle du Roy, comme ſont toutes les Orgues celebres de Paris, & ailleurs : c'eſt pourquoy on appelle ce Ton là le Ton de Chapelle ; à la difference du Ton de la Chambre du Roy, qui eſt un ſemiton plus haut, & tel que ſont ou doivent eſtre ordinairement les Orgues des Religieuſes, leſquelles ont l'Eſtenduë de Voix pour l'ordinaire encore bien plus haut que l'Octave des Voix communes des hommes.

Pour les Voix baſſes on met la Dominante en G. de l'Orgue.

Pour les Voix hautes on met la Dominante en B. de l'Orgue.

Pour les Voix des Religieuſes on met la Dominante en C. ou meſme en D. de leur Orgue, ſuivant la qualité des Voix.

Voila donc la premiere choſe qu'il faut ſçavoir, la Dominante du Chœur, laquelle ſeulement eſt un ſon, ou ſi vous voulez un Ton generic, ſans eſtre encore determiné à aucune Note ou Degré, c'eſt à dire à aucune Regle ou Eſpace ſur laquelle puiſſe eſtre ſituée cette Dominante.

La ſeconde choſe à laquelle on doit prendre garde, c'eſt au Mode ou Ton de l'Antienne qu'il faut chanter, & regler la Dominante de cette Antienne à l'unisson de la Dominante du Chœur que l'on aura arrestée : puis de cette Dominante proceder par ordre & passer tous les degrez jusqu'à la Note par laquelle on doit commencer l'Antienne. Par exemple, si je veux Entonner la premiere Antienne de la feste du S. Sacrement, *Sacerdos in æternum*; je chante (tout bas) la Dominante de cette Antienne, qui est La, à l'unisson de la Dominante du Chœur, & descends par degrez jusqu'à la finale de l'Antienne par où elle commence, en chantant la sol fa mi re, pour trouver le ton juste de cette premiere Note de ladite Antienne *Sacerdos in æternum*. Et ainsi à proportion des autres Antiennes (pour commencer de chanter) & des autres Tons. Mais l'on ne doit pas ignorer les cordes essentielles de chaque Ton.

Le 1. a sa finale en D. & sa Dominante en A. à la Quinte de sa finale ; re la.

Le 2. a sa finale en D. & sa Dominante en F. a la Tierce de sa finale ; re fa.

Le 3. a sa finale en E. & sa Dominante en C. a la sexte de sa finale ; mi ut.

Le 4. a sa finale en E. & sa Dominante en A. a la Quarte de sa finale ; mi la.

Le 5. a sa finale en F. & sa Dominante en C. a la Quinte de sa finale ; ut sol. Ou bien fa ut, sans *b*.

Le 6. a sa finale en F. & sa Dominante en A. a la Tierce de sa finale ; ut mi : ou bien fa la, sans *b*.

Le 7. a sa finale en G. & sa Dominante en D. a la Quinte de sa finale ; sol re.

Le 8. a sa finale en G. & sa Dominante en C. a la Quarte de sa finale ; sol ut.

Le 1. Ton se peut transposer en A. Mais il ne differe en rien du 1. au naturel en D. avec le *b*.

sur le degré de B. J'entend toujours pour le Chant & les Voix, & non pas pour l'Orgue & les Instrumens; car il est icy question de parler seulement du Chant, comme j'ay déja remarqué dans le 9. Chapitre, puis nous viendrons à l'Orgue.

Le 2. se peut aussi transposer en A. Et le 3. peut finir en A. comme le 2. transposé; & pour lors il a sa Dominante à la Tierce de sa finale : Et peut mesme finir en D. sa Dominante estant pareillement à la Tierce de sa finale, tout de mesme que le 2. Ton.

Le 4. est quelquefois transposé en A. Et peut mesme finir en D. sur sa Dominante; ou en A. au Ton naturel : & pour lors la finale & la Dominante sont la mesme corde, c'est pourquoy en cette occasion l'on dit du 4. à la Dominante; mais cela arrive tres-rarement, & ne se rencontre presque jamais que pour les Religieuses.

Le 5. se peut transposer en C. Et le 6. aussi.

Le 7. peut estre transposé en F. par le moyen du ♭. en E. Et le 8. aussi. Mais toutes ces Transpositions ne changent point l'espece pour le Chant, car c'est tout le mesme réellement & effectivement qu'aux Tons naturels: c'est la mesme Intonation, ce sont les mesmes Tons, les mesmes Semitons, les mesmes Intervalles, les mesmes Progrés, les mesmes Cadences, & les mesmes Dominantes à l'égard des mesmes finales. C'est en quoy se sont trompez ceux qui ont pretendu y mettre de la difference, puisqu'il n'y en a point du tout.

Jusques icy voila les deux Regles, seulement pour commencer en bon Ton la premiere Piece de quelque Office que ce soit, 1. avoir égard à la Dominante du Ton generic du Chœur, 2. prendre la

Dominante du Ton specifique de cette premiere Piece, & l'ordonner à l'unisson de cette premiere Dominante. Mais pour continuer & passer immediatement aux autres Pieces de differens Tons du mesme Office, il ne faut pas toujours regler à l'unisson les differentes Dominantes. C'est en quoy se sont abusez les Autheurs qui en ont écrit. Car de dire qu'il faut toujours garder la mesme Dominante au Chœur; c'est l'erreur universelle, la cause certaine, & la source indubitable de presque tous les desordres & confusions du Chant que nous entendons tous les jours dans nos Eglises : parce qu'il y a des Tons ou les Dominantes considerées entre-elles, & chantées à l'unisson immediatement l'une apres l'autre, ont une antipathie si forte, que la nature mesme ne peut pas les souffrir : c'est pourquoy l'experience nous montre tous les jours qu'il est tres-difficile mesme aux Chantres sçavans d'accorder à l'unisson ces differentes Dominantes qui ne sympatizent pas ; & que mesme supposé qu'ils ayent entonné juste une Antienne par cette Regle erronée & suivant cette fausse Dominante, les Chantres moins sçavans & le peuple ne peuvent pas le plus souvent poursuivre le Chant de cette Antienne dans le Mode ou Ton dont il s'agit, prenant tantost en b mol, c'est à dire par la Tierce mineure, ce qui est en b quarre, & tantost au contraire, les uns tirant d'un costé, & les autres de l'autre ; ce qui cause tous les discords & toutes les cacophonies qui n'arrivent que trop souvent. Et ce qui est de plus admirable, c'est que tout cela se fait par la force de la nature raisonnable, laquelle ne peut pas souffrir ces contrarietez de Dominantes jointes ensemble. C'est ce que S. Bernard exprime si bien par ces paroles, *Similitudinem magis quam naturam in Cantibus attendentes, conjungunt opposita* (c'est à dire ces Dominantes opposées & contradictoires,) *sicque omnia confundentes, Cantum prout libet, non prout licet, incipiunt.* Peut-on rien dire de plus formel contre cet abus. Il est inutile d'expliquer toutes ces raisons qui contiendroient seules plusieurs pages : les Compositeurs les sçavent & entendent bien, & cela suffit. Mais pour éviter cette erreur, le remede est infaillible, aisé, & naturel. En voicy les Regles generales.

Les Dominantes des 1. 4. 5. 6. & 7. Tons se doivent chanter à l'unisson.

Les Dominantes des 2. 3. & 8. Tons se doivent chanter à l'unisson : mais un Semiton plus haut que les autres.

Cela pourtant n'arrive pas toujours, car pour la décence & facilité du Chant, il faut encore observer ces Regles.

Aprés les 2. 3. & 8. Tons, les Dominantes du 5. & du 7. doivent estre d'une Tierce mineure plus basses que celles du 2. du 3. & du 8.

Mais aprés ces 5. & 7. Tons ainsi bas, les Dominantes du 2. du 3. & du 8. doivent estre d'une Tierce mineure plus hautes que celles des 5. & 7. Tons.

Pour exemple de ce que dessus, si je veux prendre la seconde Antienne de la Feste du S. Sacrement, *Miserator Dominus*, aprés la premiere Antienne, *Sacerdos in æternum*, qui finit en re du 1. Ton, je prends le la en bas de cette seconde Antienne du 2. au mesme Ton que le re finale du 1. Et pour lors la Dominante du 2. se trouvera un semi-ton plus haut que celle du 1. Ce qui rendra le Chant tresfacile à poursuivre en bonne modulation, & non autrement, par les Regles des fausses Relations & des mauvais Progrés : & ce qui apportera un grand soulagement au Chœur, une facilité notable aux Chantres, & le remede infaillible à tous les discords des peuples; parce que ces Regles sont establies sur la nature mesme, estant fondées en Principes de Mathematique. Neantmoins si les Voix sont sujettes à rabaisser de ton, dans la continuation d'un Pseaume, ou que l'on ait mal entonné l'Antienne & poursuivy ou trop bas, ou trop haut, le Chantre ou le Sous-chantre, sans avoir égard à ces Regles, doit relever ou rabaisser à proportion l'Antienne aprés le Pseaume, ou le Pseaume aprés l'Antienne, qu'on aura baissé ou monté, en reprenant la veritable Dominante du Chœur : car pour une faute il n'en faut pas faire deux. Mais dans les Eglises où l'on a l'usage des Orgues au Service divin, c'est une Regle de necessité absoluë que l'Orgue doit donner le Ton de tout ce qui se chante au Chœur aprés l'Orgue. La premiere Antienne doit donc estre du Ton de la seconde que l'on chante au Chœur immediatement aprés la premiere que l'Orgue aura joüée; & ainsi des autres. C'est pourquoy les Chantres sans se mettre en peine des Regles, doivent seulement prendre garde à la finale de l'Orgue, (& non pas plûtost, car c'est encore une des principales causes du discord & de l'erreur que de chercher le ton pendant que l'Orgue joüe,) & sur cette finale de l'Orgue, qui doit estre toujours la finale de l'Antienne qu'il faut entonner, regler à proportion la premiere Note de cette Antienne. Par exemple, je veux commencer la seconde Antienne du S. Sacrement, *Mi-*

serator Dominus, j'attend (sans faire aucune reflection) la finale de l'Orgue qui jouë la premiere Antienne du Ton de cette seconde Antienne, laquelle est du 2. je m'areste seulement à cette finale de l'Orgue qui est le re du 2. Ton, & je prens une Quarte plus bas le la par où commence cette seconde Antienne ; & ainsi des autres. Il faut pourtant observer que le 3. Ton sur l'Orgue finit toujours en la, entre sa finale & sa Dominante : ainsi l'on doit prendre garde à cette observation pour regler la premiere Note de l'Antienne de ce Ton qu'il faut chanter aprés l'Orgue.

Remarquez encore pour la perfection du Chant, que l'Orgue doit finir par la Note mesme qui est la premiere de l'Antienne qu'il faut chanter aprés l'Orgue, dans certaines occasions ; sçavoir quand l'Antienne du 1. ou 2. Ton commence par fa : quand l'Antienne du 3. Ton commence par sol : quand l'Antienne du 4. Ton commence par ut, ou re, ou fa : & quand l'Antienne du 7. ou du 8. Ton commence par ut. Dans ces huit occurrences l'Orgue finit par la premiere Note qu'il faut chanter, & non par la finale de l'Antienne.

Voila ce que les Chantres doivent sçavoir. Mais les Organistes aussi de leur costé doivent estre extremément prudens pour connoistre & juger de la capacité & de la qualité des Voix qui composent le Chœur, afin de leur donner un ton convenable, ny trop haut ny trop bas. Pour les Voix communes & ordinaires, voicy la maniere de toucher sur l'Orgue les huit Tons de l'Eglise.

Le 1. en D. Le 2. en G. *b.* Le 3. en G. *b.* Le 4. en E. Le 5. en C. Le 6. en F. Le 7. en C. Le 8. en F.

Les 5. & 7. Tons se peuvent toucher aussi en D. dièse.

Les Regles de tous les autres Tons transposez, ordinaires, & extraordinaires, pour les Voix basses, & pour les Voix hautes, sont amplement déduites dans mon premier Livre de Pieces d'Orgue.

Et selon les Regles precedentes en huit occurrences, quand l'Antienne du 1. commence par fa, l'on doit toucher du 6. Ton. Quand l'Antienne du 2. commence par fa, il faut joüer du 6. en A. dièse. Quand l'Antienne du 3. Ton commence par sol, il faut joüer du 6. Quand l'Antienne du 4. commence par ut, il faut toucher du 5. Quand l'Antienne du 4. commence par re, l'on doit joüer du 1. Quand l'Antienne du 4. commence par fa, l'on doit toucher du 6. Quand l'Antienne du 7. Ton commence par ut, il faut joüer du 6. en G. Quand l'Antienne du 8. commence par ut, l'on doit joüer du 6. en A. dièse.

Il faut encore observer que les 3. 4. 7. & 8. Tons, se peuvent quelquefois joüer sur l'Orgue à la Dominante, c'est à dire qu'ils finissent sur leurs Dominantes, mais cela n'estant pas dans la perfection des Tons, doit estre tres rare ; & en ce cas il en faut advertir les Chantres, de peur qu'ils ne prennent la finale de l'Orgue pour la finale de l'Antienne, dont la Dominante est la mesme finale de l'Orgue. Toutes ces choses doivent estre reglées de concert par la discretion des Organistes & des Chantres.

Mais une des causes les plus essentielles de tous les discords qui arrivent tous les jours au Chœur, & mesme actuellement pendant que l'on joüe

H

l'Orgue, c'est lorsque l'on recite au Chœur (ou plutost que l'on crie de toute sa force) les paroles du Verset que l'Orgue joüe. C'est la source & la cause inévitable de ce que bien souvent l'on ne peut pas reprendre au Chœur le ton juste aprés l'Orgue, laquelle est interrompuë dans le mélange de ses Consonances par la pointe aiguë de cette Dominante dissonante & perpetuelle, que les Organistes mesme entendent quelquefois plus que leurs Orgues. Cependant l'on ne croiroit jamais la verité de cet abus, & l'importance qu'il y a de le corriger, si nous n'en estions convaincus par l'experience, & par la force de nos Regles. Pour y remedier deux choses sont à observer : la premiere, que celuy qui recite & prononce les paroles du Verset que l'Orgue joüe, ait toujours dans l'esprit qu'il suffit que le Chœur seul les entende ; la seconde, qu'il est tres-important de ne pas toujours garder la Dominante du Chœur dans le ton du Recit de ces paroles, parce qu'il y a des Tons où cette Dominante est tout à fait dissonante & contraire à l'harmonie juste & proportionnée de leurs Consonances. C'estpourquoy l'on doit sçavoir que c'est tantost la Dominante, & tantost la finale du Ton que l'on chante, qu'il faut observer dans le ton du Recit des paroles prononcées au Chœur. En voicy toute la difference.

Aux 2. & 8. Tons, l'on doit garder la finale du Chant.

Au 3. Ton, il faut observer la finale de l'Orgue, qui est La pour le Chant.

A tous les autres Tons, on garde leurs Dominantes.

Tout ce que dessus jusques icy, n'est que pour

une seule Note, parceque toutes ces Regles ne sont encore que pour chanter en ton juste la premiere Note de tout ce qu'il faut chanter au Chœur, soit apres l'Orgue, soit sans Orgue. Entrons maintenant plus avant dans le commencement du Chant que l'on appelle Intonation des Antiennes, ou des autres Parties de l'Office.

L'Intonation est la maniere de commencer quelque Chant, laquelle consiste en un seul mot, ou deux, ou plusieurs, selon le sens des paroles, & selon la décence du Chant. Or l'Intonation la plus courte est la plus parfaite, mais il faut qu'il y ait un peu de sens des deux costés, contre l'opinion de ceux qui ne veulent qu'un seul mot, quand ce seroit un monosyllabe; non toutefois sans se contredire : car en certains endroits ils ont marqué plusieurs mots qui ne sont pas si necessaires qu'en plusieurs autres où il n'y en a qu'un, & où il est important qu'il y en ait deux, ou mesme trois, tant pour le sens des paroles, que pour le sens du Chant, c'est à dire pour la modulation ou conclusion raisonnable. Par exemple, ils veulent tous ces mots pour l'Intonation de cette Antienne, *Sit nomen Domini*; & ne veulent pas, *Beati omnes*; mais seulement *Beati*. Ils approuvent, *Nos qui vivimus*; & non, *Visita nos*; mais seulement *Visita*. Ils accordent, *Ecce nomen Domini*; & non, *Ne timeas Maria*; mais seulement, *Ne timeas*. Ils mettent, *Commendemus nosmetipsos*; *Confortate manus dissolutas*; & non, *O admirabile commercium*; mais seulement, *O*. Cependant toutes ces paroles là sont requises absolument pour faire l'Intonation parfaite & naturelle, parce qu'elles sont toutes necessaires autant pour le sens que pour la décence ou conclusion du Chant. Et cette parfaite Intonation donnera bien mieux le ton, & fera entrer naturellement dans la modulation du reste de l'Antienne, s'il faut la poursuivre, sinon introduira juste dans le Ton du Pseaume ou du Cantique qu'il faudra chanter ensuite. Neantmoins si l'Antienne est si courte qu'il en faille dire la moitié ou plus pour aller jusqu'au sens des paroles, pour lors sans y avoir égard il en faut dire seulement deux, ou mesme un seul mot si deux repugnent au sens, comme dans celles-cy, *Lumen ad revelationem gentium*, cela est trop long : *Lumen ad*, ou *Lumen ad revelationem*, repugne au sens : il ne faut donc que, *Lumen*. *Senex puerum portabat*, c'est trop : *Senex puerum*, repugne au sens : c'est donc assez de, *Senex*. Si pourtant le premier mot est monosyllabe, il en faut dire deux, quand ce seroit contre le sens, comme dans celle-cy, *In mandatis ejus*, c'est trop, veu qu'il ne reste plus que deux petits mots, *cupit nimis* : il faut donc, *In mandatis*. Et si le premier mot, quand mesme ce seroit un monosyllabe, est chargé d'un nombre raisonnable de Notes, comme *Hæc dies*, ce mot seul, *Hæc*, suffit pour l'Intonation parfaite. Voila toutes les Regles de l'Intonation, dont les Chantres ne doivent point se mettre en peine, parceque dans la plûpart des Livres corrigez toutes les Intonations sont marquées jusques à la premiere grande bare, & cela suffit pour n'y jamais manquer.

Voicy une autre erreur dans laquelle sont tombez ceux qui n'ont pas une parfaite connoissance des raisons & des Regles de la Composition, c'est qu'ils ont crû que pour donner le Ton du Pseaume, on devoit faire tomber la derniere Note de *sur le Chant Gregorien.*

l'Intonation de l'Antienne (quand elle ne se dit pas entiere comme aux semidoubles) sur la Dominante du mesme Pseaume. Et c'est tout le contraire, car il faut commencer toutes les Antiennes, quoy qu'on n'en dise que l'Intonation, toujours dans le naturel de leurs Tons, ainsi qu'elles sont notées. Contre cet abus, & contre ceux qui ne veulent qu'un seul mot pour l'Intonation, sans avoir égard ny au sens ny au Chant, sont ces paroles de S. Bernard : *Repudiatis eorum licentiis, qui similitudinem magis quam naturam in Cantibus attendentes, cohærentia disjungunt, & conjungunt opposita ; sicque omnia confundentes, Cantum prout libet, non prout licet, incipiunt & terminant, deponunt & elevant, componunt & ordinant.*

L'usage de plusieurs Diocêses considerables est d'adjouter trois ou quatre Notes à la fin de l'Intonation pour l'accomplir ; mais cette maniere ne se fait point dans la Chapelle du Roy où nous tenons le Breviaire & l'Usage Romain, ny dans toutes les autres Eglises qui tiennent ou suivent de prés le mesme Usage Romain. Cette addition de Notes à la fin de l'Intonation des Antiennes, paroist superfluë dans les unes, irreguliere dans les autres. Superfluë, dautant que la pluspart des Antiennes ont leur Intonation naturellement accomplie par une Cadence parfaite sans y rien adjouter. Irreguliere, parceque dans plusieurs Antiennes, de ces Notes adjoutées il en resulte une fausse Relation de Triton. Neantmoins ces sortes d'Intonations deviennent agreables par la coûtume, & chaque Eglise a ses coûtumes & ses usages. *Unaquæque fere namque Ecclesia proprias habet observantias.* Durand. de Offic.

Nous avons traité dans les Chapitres 8. & 10. des Progrés & des Modulations irregulieres des Antiennes & des autres Parties de l'Office, reste à monstrer les defauts dans la fin de quelques Antiennes.

Considerons d'abord cette Antienne du Dimanche, *Nos qui vivimus*, de la maniere qu'elle est notée quasi par tout, particulierement dans le Romain, l'on diroit à sa Modulation qu'elle seroit du 4. ou du 7. Ton, & qu'elle finiroit sur sa Dominante: mais il vaut mieux la considerer par raport à son Pseaume *In exitu*, lequel estant parfaitement du 1. Ton, cette Antienne doit estre aussi du 1. Et en effet elle a toutes les marques regulieres du 1. Ton, procedant par les cordes essentielles du Mode immediatement ou mediatement, re, fa, la; touchant en passant les cordes voisines & amies des essentielles, ut, sol, fa feint; ayant l'estenduë la plus raisonnable & la plus reguliere du 1. Ton, d'une septiéme. Il n'y a que sa fin, laquelle au lieu de tomber sur le re en D. sa veritable & naturelle finale, demeure suspenduë à la Quarte sur le sol en G. corde estrangere du 1. Ton, ce qui ne se peut jamais faire qu'en quelques Terminaisons de Pseaumes. De sorte que cette Antienne a son progrés, son estenduë, & sa modulation, tres reguliers du 1. Ton, & sa fin corrompuë: laquelle est facile à corriger, (comme on a fait en plusieurs Lieux) car il n'y a qu'à moduler deux ou trois Notes pour la faire terminer & descendre en D. sur le re, qui est sa veritable & naturelle finale. Mais ce qui est de plus admirable, c'est que cette Antienne avec cette fin erronée, est encore en usage & notée aujourd'huy dans presque tous les Antiphonaires tout de la mesme maniere que S. Bernard l'a décrit & décrie: *Ut autem magis mireris & abhorreas hujusmodi ineptiam, inspice hanc Antiphonam, Nos qui vivimus, secundùm quod ferè ubique cantatur, cum principaliter ac propriè terminari habeat in D. notant eam iniqui prævaricatores in G. & sacramento asserunt eam esse octavi Toni. Quis obsecro Musicus patienter ferat, ut Cantus qui propriam & naturalem habet finalem in D. octavo Tono attribuatur?* *Tract. de ratione Cantus.*

Par cette authorité, avec les raisons precedentes, on doit estre persuadé que cette Antienne est du 1. Ton regulier, & non pas comme plusieurs se le sont imaginé du 8. irregulier. D'autres ont dit du 1. irregulier, ce qui est encore plus absurde. Et quelques Autheurs ont écrit que cette Antienne devoit estre transposée à la Clef de C. sur la troisiéme Regle, commençant en G. tout en bas, & se terminant en D. Et ainsi qu'elle estoit veritablement du 1. Ton, sans rien changer de sa fin. Mais cette opinion ne peut pas subsister: car supposé qu'elle soit transposée en commençant en G. sa fin pour lors demande essentiellement & naturellement de se terminer en A. veritable finale du 1. Ton transposé en A. Cependant elle demeure toujours suspenduë en D. à la Quarte de sa finale naturelle: car tout ainsi que cette corde A. devient la finale du 1. Ton transposé, aussi D. devient une corde estrangere à l'égard de ce premier transposé. Et ainsi cette Antienne est aussi corrompuë d'une façon que de l'autre, à moins que l'on ne change la fin, comme il est dit cy-dessus.

Le mesme jugement se doit faire à l'égard de

ces trois Antiennes dans le Romain, *Spiritus Domini*, *Angeli Domini*, *Martyres Domini*, lesquelles ont toutes les marques essentielles du 1. Ton, exceptée la fin : car elles commencent toutes par la finale en D. procedent ensuite par les cordes essentielles, re, fa, la : mais enfin demeurent à la Quarte de leur propre & naturelle finale, au lieu de se terminer en D. Ce qu'il faut corriger de la mesme maniere que la precedente, *Nos qui vivimus*.

L'Antienne *Juravit Dominus*, est veritablement du 8. Ton, & non pas du 7. comme il est marqué quasi par tout. Car toute la difference qu'il y a entre le sept & le huit, c'est que le sept à son estenduë en haut, & le huit en bas, tous les deux finissant en G. Or il n'y a point d'Antienne qui aille plus bas & moins haut que celle-là, car elle ne passe pas d'un seul degré en haut la Modulation du Pseaume du 8. Ton, & la passe en bas de trois degrez. Deplus c'est que la Dominante du 8. y est frappée 7 fois, & celle du 7 n'y est touchée que 3 fois en passant.

Le mesme jugement se doit faire de l'Antienne, *Beatus ille servus*, laquelle est aussi veritablement du 8. Ton, & non pas du 7. Car elle ne passe que d'un seul degré en haut & en bas la Modulation du Pseaume du 8. Et rebat 12 ou 13 fois la Dominante du 8. Et ne touche que 6 ou 7 fois en passant la Dominante du 7.

Pour confirmer ces deux Antiennes du 8. Ton, il faut considerer ces deux autres marquées du 8. *Hic vir despiciens mundum*, *Simile est regnum cœlorum homini negotiatori*: Elles ne sont pas plus, ny mesme tant du 8. que *Juravit*, qui descend
plus

plus bas, & ne monte point si haut.

Mais direz-vous, la difference est notable du 8. au 7. en ce que celuy-cy procede par la Tierce & la Quinte, comme nous voyons dans ces paroles, *Iuravit, quem cum venerit*: Et l'autre procede par la Quarte, comme l'on voit dans ces mots, *Hic vir, Simile est*. Cela suffit pour marquer les deux premieres Antiennes du 7. & les deux autres du 8.

A cela je respons, que cette difference est de vray notable, ordinaire, & tres-frequente; mais elle n'est pas essentielle, parce que dans la mesme Antienne *Simile est*, qui est marquée du 8. ces paroles, *homini negotiatori*, procedent par la Quinte aussy bien que ces mots, *quem cum venerit*, dans *Beatus ille servus*. De plus c'est que les cordes naturelles, effectives, & harmoniques de tous les Tons sont à la Tierce & à la Quinte de leurs finales. Et ainsi si le 8. Ton procede ordinairement par la Quarte, il peut quelquefois & tres-bien proceder aussi par la Tierce & la Quinte, qui sont ses cordes harmoniques: car c'est un defaut dans le 8. Ton, que sa Dominante soit à la Quarte de sa finale; & dans toutes nos Pieces de Musique du 8. Ton, nous mettons toûjours la Dominante à la Quinte de sa finale, parce que la Quarte ne peut pas entrer dans l'harmonie des Consonances. Cette difference donc est nulle, quoy qu'elle soit tres-notable dans le Pleinchant; c'est pourquoy l'on y doit toûjours avoir égard, pourveu que l'Estenduë y soit preferablement consideree.

Voila tout ce qui peut contribuër pour bien commencer, poursuivre & finir les Antiennes, & afin que le Chant soit entierement corrigé,

S. Bern. *quatenus eliminatâ falsitatum spurcitiâ expulsisque illicitis ineptorum licentys, integrâ Regularum veritate fulciatur.*

CHAPITRE XIII.
DES PSEAUMES.

Où il est traité à fond de leurs Terminaisons differentes & specifiques selon les huit Tons du Chant Gregorien.

LE Chant des Pseaumes est une Partie des plus considerables de l'Office divin, mais les erreurs dont elle est remplie sont aussy tres-considerables.

Pour en comprendre l'importance, il faut sçavoir que chaque Ton des Pseaumes a son Intonation, sa Mediation, & sa Terminaison, particulieres: c'est à dire son commencement, son milieu, & sa fin. Et mesme quelques Tons ont chacun plusieurs Terminaisons differentes & specifiques. Toutes ces choses (afin de ne les point repeter deux fois, sont clairement expliquées, demonstrées, & notées dans la Table des Tons, avec le Traité qui sera donné cy-après de la maniere de chanter les Pseaumes & les Cantiques. Or pour rendre raison des corrections qui s'y sont faites, je distingue deux sortes d'abus, l'un dans le fond du Chant; l'autre dans la maniere d'appliquer ces differentes Terminaisons.

Le premier consiste à multiplier sans necessité, contre la bienseance, & la raison, les Terminaisons des Pseaumes, parce qu'il y en a plusieurs dans presque tous les Antiphonaires, lesquelles se ressemblent si fort qu'il est impossible de ne s'y pas tromper; & c'est ce qui cause la pluspart des confusions des Chantres & du peuple, qui n'en peuvent pas naturellement descouvrir la difference. Par exemple entre plusieurs Terminaisons du 1. Ton, il y en a trois qui sont si semblables que l'on en a retranché deux, & à bon droit, car une seule Note mal placée ne doit point faire une fin differente; Voicy la plus reguliere entre les deux autres retranchées,

e. u. o. u. a. e.   e. u. o. u. a. e.   e. u. o. u. a. e.

De ces trois fins il n'y a veritablement que la seconde qui soit naturelle & raisonnable; la premiere estant simple & cruë, la troisiesme rebattant la mesme chose. Joint à cela que ces trois fins n'en font qu'une essentiellement, & ne servent qu'à broüiller les Chantres qui les confondent pour leur peu de difference; encore plus le peuple ignorant, qui asseurément se portera naturellement plûtost à la seconde qu'aux deux autres. Et ainsy de quelques autres Tons, où l'on a retranché les fins inutiles & superfluës.

Mais la plus considerable erreur, est de dire, croire, & en faire une Regle severe, que chaque fin des Tons des Pseaumes soit affectée à certains commencemens d'Antiennes. Par exemple du 1. Ton,

e. u. o. u. a. e.   e. u. o. u. a. e.   e. u. o. u. a. e.

I ij

Quand l'Antienne commence bas, comme *Sacerdos in æternum*, on prend la premiere fin, à cause que le fa par où elle finit est plus bas que le sol, lequel estant plus esloigné du re que le fa, ledit fa a plus de rapport avec le re. Vne autre Antienne qui commencera plus haut, comme *Domine quinque talenta*, on luy donnera la seconde fin. Et une autre Antienne qui commencera encore plus haut, comme *Exi cito in plateas*, on luy imposera la troisiéme fin qui finit en haut sur la Dominante. De là on s'est imaginé pour raison, que ces sortes de fins imposées par ces Regles frivoles, avoient beaucoup de raport & de convenance avec ces sortes de commencemens d'Antiennes : ce qui ne peut pas se soûtenir pour huit raisons convaincantes.

1. Toutes les fins des Pseaumes (de chaque Ton) ont tout autant de raport les unes que les autres avec toutes sortes de commencemens d'Antiennes (du mesme Ton;) les Intervalles de Seconde, de Tierce, de Quarte, & de Quinte, estant toutes regulieres & indifferentes en leurs Progrêz de Notes, à plus forte raison en leurs Progrêz de Pieces.

2. Toutes ces Antiennes finissent en bas sur la finale du Ton, elles ont toutes la mesme fin : & les unes & les autres ne sont pas plus du premier en haut que du premier en bas, puisqu'elles ont toutes la mesme Estenduë de Modulation, & c'est ce mot réellement qui fait leur identité de Ton, & en mesme temps leur difference essentielle du second Ton, qui a une autre Estenduë de Modulation, quoy qu'il ait la mesme finale que le premier.

3. Ce n'est pas le commencement de l'Antienne qui marque & determine le Ton du Pseaume, encore moins la fin specifique du Pseaume; mais c'est la fin de l'Antienne avec son Estenduë qui détermine le Ton generique, & rien davantage. Et en effet, qu'importe que l'Antienne commence haut ou bas? C'est veritablement pour diversifier le Chant des Antiennes qu'on les a fait commencer ou en haut, ou en bas, ou au milieu, à la fantaisie du Compositeur: & non pas pour y imposer une certaine fin de Pseaume.

4. L'on auroit bien manqué de prudence de n'avoir pas mis dans le Chant Gregorien plusieurs sortes de fins du 2. du 5. & du 6. Ton, qui n'en ont qu'une seule chacun; quoy qu'ils ayent tous, & tout autant que les autres Tons, plusieurs sortes d'Antiennes qui commencent en bas, en haut, & au milieu: mais il est vray de dire que tous ces commencemens ont tout autant de raport les uns que les autres, avec les finales de leurs Pseaumes.

5. Plusieurs Antiphonaires, de differens Dioceses, & de differens Ordres, contiennent les Regles de ces Terminaisons, contraires en plusieurs choses à celles du Romain. Ces contrarietez au moins prouvent où que l'on s'est trompé, où que ces Terminaisons sont arbitraires.

6. S'il falloit necessairement chercher quelque raport entre le Pseaume & l'Antienne, il seroit bien plus raisonnable d'en mettre entre le commencement de l'Antienne & le commencement du Pseaume, sa fin en estant beaucoup plus esloignée. Or il n'y a jamais qu'un commencement de chaque Ton des Pseaumes pour toutes les Intonations differentes des Antiennes du mesme Ton.

Mais, direz-vous, la fin du Pseaume est tout proche le commencement de son Antienne qui se chante ensuite.

A cela je répons trois choses. 1. Cette fin de Pseaume ne doit pas avoir plus de raport avec le commencement de l'Antienne, que la fin de l'Antienne ou la fin de son Intonation seulement, avec le commencement du Pseaume qui se chante ensuite : Or la fin de l'Antienne est toûjours la mesme, & a tousiours le mesme raport avec le commencement de son Pseaume, quoy que le commencement de l'Intonation de l'Antienne soit different en plusieurs Antiennes du mesme Ton; où au contraire, la fin de l'Intonation de l'Antienne est quasi toûjours differente du commencement de la mesme Intonation, comme nous voyons dans *Sacerdos in æternum*, où le commencement de l'Intonation est sur le ré, & la fin de la mesme Intonation cinq degréz plus haut sur le la; Dans *Miserator Dominus*, où l'Intonation commence en bas sur le la, & finit quatre degréz plus haut sur le ré : Toutes ces fins de l'Intonation diverses & differentes du commencement de la mesme Intonation, ou toûjours la mesme fin de l'Antienne, envelopent des absurditez infinies, s'il estoit necessaire de faire quelque difference entre deux Antiennes du mesme Ton, & chercher cette difference dans le commencement ou la fin de l'Antienne, ou de l'Intonation seulement, pour y imposer une fin necessaire du Pseaume dans les Tons qui ont plusieurs Terminaisons. 2. La fin du premier Verset du Pseaume n'a pas plus de raport avec le commencement du second Verset, & la fin du 2. Verset avec le commencement du 3. & ainsi de tous les autres du mesme Pseaume, qu'en ont tous les commencemens differens des Antiennes du mesme Ton avec chacune des Terminaisons differentes des Pseaumes du mesme Ton: Or il s'ensuivroit encore de là une infinité d'absurditéz, car les Dominantes des Pseaumes sont si differentes de leurs Terminaisons diverses, qu'il est toûjours vray de dire que toutes ces fins differentes de mesme Ton se peuvent assigner également (selon les Regles de la Science) à tous les commencemens differens du mesme Ton. 5. Quelle raison y a-t'il de chercher plus de raport entre la fin d'un Pseaume & le commencement de son Antienne qui ne se chante qu'une seule fois, qu'entre tous les Versets d'un long Pseaume dont toutes les fins sont si differentes de tous les commencemens, & dont ces fins & ces commencemens se chantent à tous les Versets dudit Pseaume? Qu'elle idée doit-on avoir du commencement de cette Antienne plûtost que de sa fin, à laquelle essentiellement & veritablement se doivent rapporter tous les commencemens & les fins differentes des Pseaumes du mesme Ton?

7. Si par impossible il estoit absolument necessaire de faire dépendre les fins diverses des Pseaumes d'un Ton, des commencemens differens des Antiennes du mesme Ton, l'on suivroit presque tout le contraire de ces Regles, par les veritables Regles de la Science. Car par exemple, dans le premier Ton le raport de la Quinte ou de l'Unisson n'est-il pas plus parfait que celuy de la Tierce ou de la Seconde: Cependant ce raport imparfait a esté jugé digne de ces Terminaisons assignées à ces Intonations.

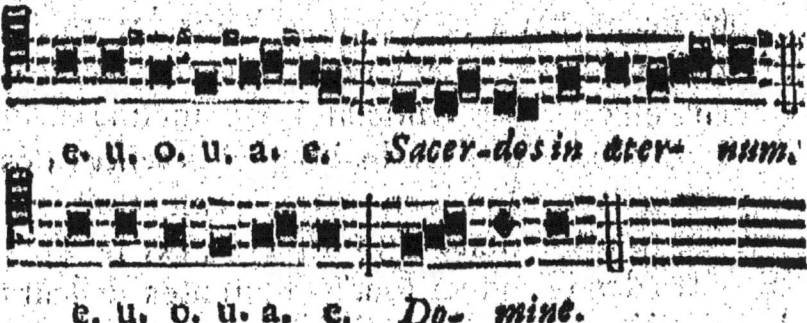

e. u. o. u. a. e.   Sacer-dos in æter- num.

e. u. o. u. a. e.   Do- mine.

Le raport en seroit bien plus parfait d'assigner ces fins à ces commencemens,

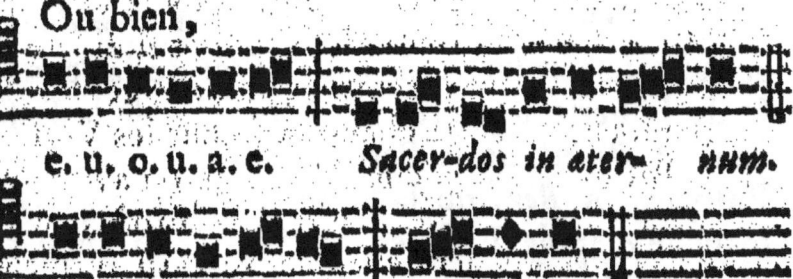

e. u. o. u. a. e.   Sacer-dos in æter- num.

Ou bien,

e. u. o. u. a. e.   Sacer-dos in æter- num.

e. u. o. u. a. e.   Do- mine.

Et ainsi de toutes les autres Terminaisons presque de tous les Tons.

8. Enfin ces Regles n'ont jamais esté faites par la raison, mais par ce hazard dont parle Saint Bernard, *Alia vero inter se diversa fecit casus, non ratio.* Et en effet par ces fausses Regles les plus belles & les plus longues Terminaisons des Pseaumes sont assignées à plusieurs Antiennes de Feries; & au contraire les plus simples & les plus feriales à plusieurs grandes Festes; ou bien toutes les mesmes Terminaisons à plusieurs
Pseaumes

Pſeaumes de ſuite, meſme des Feſtes ſolemnelles. Cela eſt il juſte ? Et ne vaut-il pas mieux aſſigner les ſolemnelles aux ſolemnelles, & les feriales aux Feries ? N'eſt-ce pas mieux fait de diverſifier les Terminaiſons dans pluſieurs Pſeaumes de ſuite qui ſont de meſme Ton : comme nous l'enſeigne S. Baſile ; *Vtilis in Pſalmorum eſt decantationibus diverſitas atque varietas.*

Pour eſtre convaincu de cette verité, & donner les Exemples de ces abus, conſiderez les Antiphonaires, vous y remarquerez preſque dans tous, particulierement dans le Romain, ce 1. Ton ſolemnel, aſſigné à Prime de la Quinquageſime. A Prime du 1. Dimanche de Careſme. A *Benedictus* e. u. o. u. a. e. de la Ferie 5. enſuite. A *Magnificat* de la Ferie 3. & de la Ferie 6. aprés le Dimanche de la Paſſion. A *Bened.* de la Ferie 3 aprés l'Octave de Paſques. A *Ben.* de la Ferie 2. aprés le 4. Dimanche d'aprés Paſques. A *Ben.* de la Ferie 6. aprés la Pentecoſte. A *Magnif.* des Samedis 2. 4. & 5. de Novembre. A *Ben.* de Sainte Luce. Toutes ces Feries ſont elles ſi conſiderables pour avoir une ſi longue & ſolemnelle Terminaiſon ? Laquelle ne devroit jamais eſtre aſſignée que pour le *Magnificat* des Dimanches & plus grandes Feſtes. Pourſuivons : Cette fin du 1. Ton qui n'eſt pas encore des moins ſolemnelles, attribuée à *Ben.* de la Ferie 2. aprés le 1. Dimanche de l'Advent. A *Bened.* de la e. u. o. u. a. e. Ferie 3. enſuite. A *Magn.* de la Ferie 6. aprés le 3. Dimanche de l'Advent.

A *Ben.* & à *Magn.* de la Ferie 6. aprés les Cendres. A Laudes & aux deux Vespres du Commun d'un Martyr, trois fois dans chaque Office sans diversifier aucune Terminaison. Et encore la mesme trois fois à Laudes & aux deux Vespres du Commun d'une Vierge. Mais aussy cette mesme fin qui n'est pas des plus solemnelles, attribuée pour le *Magnificat* des grandes Festes de la Conception & de la Nativité de la Sainte Vierge : & pour les deux premiers Pseaumes de suite des Laudes, & des deux Vespres de la grande Feste de tous les Saints.

Cette Terminaison du 1. Ton qui approche fort de la feriale, assignée pour le 1. Pseaume de Vespres de la grande Feste de la Nativité de N. S. & toute l'Octave. Aux deux Vespres & à Laudes de l'Epiphanie, dans chaque Office deux fois de suite. Aux *Magn.* des 3. 4. & 5. Dimanches aprés l'Epiphanie. A *Magn.* du 4. Dimanche de Caresme. Aux *Magn.* des 4. 14. & 22. Dimanches aprés la Pentecoste. A *Ben.* de l'Assomption de la Sainte Vierge. A *Magn.* du Commun des Apostres. A *Magn.* de la Feste solemnelle de la Dedicace.

Cette fin la plus simple & feriale, assignée pour les deux Vespres & Laudes de la Pentecoste. A Laudes & à *Benedictus* de la Feste solemnelle, & à *Magnificat* du Dimanche de l'Octave du S. Sacrement. A Laudes & aux deux Vespres de l'Assomption de la Sainte Vierge. Aux deux Vespres

sur le Chant Gregorien. 131

& à Laudes du Commun d'un Martyr, qui sera peut-estre Titulaire d'une Eglise.

Cette fin. du 3. Ton qui n'est pas solemnelle, attribüée à *Magnificat* du jour de Pasques, & la mesme à *Magn.* de la Ferie 3. après le 2. Dimanche ensuite, pour l'Office ferial : quel raport entre ces deux jours pour avoir le mesme chant. A *Magn.* de la seconde Feste de la Pentecoste. A Laudes & à Vespres du jour de la Purification de la Sainte Vierge, trois fois de suite pour les trois premiers Pseaumes, comme s'il n'y en avoit point d'autre plus solemnelle pour diversifier. Aux deux Vespres & à Laudes des Apostres S. Jacques & S. Philippe, deux fois la mesme dans chaque Office. Cette fin du 3. Tŏ, la plus feriale de tous les 8. Tons, assignée à *Magn.* du 2. Dimanche aprés Pasques. A Laudes & à Vespres de S. Jean Baptiste, trois Pseaumes du 3. Ton, & cette Terminaison feriale deux fois de suite, sans qu'il y en ait une seule solemnelle pour cette grande Feste. Au second Nocturne de la Feste de tous les Saints cette mesme fin deux fois de suite, & encore une fois au 3. Nocturne. Encore ce Ton Ferial deux fois à Laudes, & aux deux Vespres du Commun d'une Sainte non Vierge, qui peut estre Titulaire en quelque Eglise.

Cette fin du 4. Ton, qui est la plus solemnelle, assignée à un Pseaume ferial de Vespres de la Ferie 4. & encore du Samedy. A Laudes & à

K ij

Benedictus de la Sexagesime. A *Magn.* de la Ferie 3. aprés le 2. Dimanche de Caresme. A Laudes de la Ferie 2. de la Semaine Sainte. A *Ben.* de la Ferie 4. aprés le 2. Dimanche d'aprés Pasques.

Cette Terminaison feriale du 4. Ton, assignée à Vespres du jour de la Nativité de N. S. & toute l'Octave. A l'Ascension deux fois dans le 1. Nocturne, deux fois dans le 2. Nocturne, à Laudes & aux deux Vespres. Aux neuf Festes de la Sainte Vierge, y comprises toutes les plus solemnelles, ce 4. Ton ferial trois fois au 1. Nocturne, & trois fois au 3. Nocturne. Aux deux Vespres & à Laudes des deux Festes de S. Paul.

Cette fin du 7. Ton, la plus belle & solemnelle, assignée à *Ben.* de la Ferie 2. aprés le 2. Dimanche de l'Advent. A *Magn.* de la Ferie 6 ensuite. A *Ben.* du Samedy aprés le 3. Dimanche de l'Advent. A *Ben.* de la Ferie 4. aprés le 3. Dimanche d'aprés Pasques. Et une fin plus simple du mesme 7. Ton assignée aux deux Vespres & à Laudes de l'Epiphanie. Aux deux Vespres & à Laudes de la Pentecoste. Au 2. Nocturne des neuf Festes de la Sainte Vierge, y comprises les plus solemnelles, un mesme Ton ferial trois fois, & encore à *Magn.* du jour de l'Annonciation. Aux premieres Vespres de S. Jean Baptiste la mesme fin trois fois pour trois Pseaumes. Aux premieres Vespres & à Laudes des Apostres S. Pierre & S. Paul, trois fins du 7. Ton feriales. Aux deux Vespres & à Laudes des Confesseurs Pontifes quatre fins du mesme 7. feriales.

sur le Chant Gregorien.

Mais la plus simple & la plus triste fin de tous les Tons, attribuée à Vespres de la grande solemnité de la Nativité de N. S. & pendant toute l'Octave aux Festes.

e. u. o. u. a. e.

Et encore ce mesme Ton triste deux fois à Vespres & à Laudes de la grande Feste de S. Pierre & S. Paul. Cette fin du 7. irreguliere a esté retranchée des Antiphonaires exactement corrigez, parce qu'elle fait une fausse Relation perpetuelle avec la Modulation de sa Mediation.

Cette Terminaison feriale du 8. Ton, attribuée à Matines de Pasques. A *Magn.* du Dimanche de *Quasimodo*. A Matines de la Pentecoste trois fois de suite pour les trois Pseaumes. Aux deux Vespres & à Laudes des deux Festes de S. Paul, la mesme fin quatre fois dans chaque Office. Aux deux Vespres & à Laudes de la Feste de tous les Saints, la mesme fin trois fois. A Laudes & aux deux Vespres de S. André, la mesme fin trois fois. Au premier Nocturne du Commun des Apostres, la mesme fin trois fois. Et à Vespres encore des Apostres, la mesme Terminaison feriale deux fois. Et plusieurs autres Terminaisons des Pseaumes mal assignées aux Antiennes, qu'il seroit trop long de déduire toutes en particulier.

e. u. o. u. a. e.

Il est donc constant que ces Regles de l'antiquité sont toutes contraires à la gravité & à la bienseance du Service Divin. Et c'est justement & à la lettre des veritables Regles cy aprés declarées, qu'il faut entendre ces paroles énergiques de S.

Bernard, *Regulas confundentes ut vitia retineant, non vitia resecantes ut Regulas custodiant, similitudinem magis quam naturam in Cantibus attendentes. Cantum prout libet, non prout licet, incipiunt & terminant;* (c'est à dire, *incipiunt Antiphonam, & terminant Psalmum, non prout licet, sed prout libet.*)

Mais quelles sont ces veritables Regles? Où sont-elles? Et de qui les apprendre? S. Bernard nous renvoye assez clairement à la nature raisonnable, & l'exprime assez fortement par les paroles susdites, *Similitudinem magis quam naturam, &c.* Et par celles-cy, *Quis obsecro Musicus patienter ferat, ut Cantus qui propriam & naturalem habet finalem in D, octavo Tono attribuatur?* Cette nature raisonnable, ou pour mieux dire cette pointe de la raison & du bon sens des Compositeurs, est la grande Maistresse qui doit regler les choses indecises par la science mesme. Voicy donc les Regles essentielles, & naturelles de toutes les Terminaisons differentes des Tons, lesquelles probablement furent instituées de S. Gregoire, lors qu'il regla toutes ces choses *in pondere, numero, & mensura*. Nous avons veu le nombre, & la mesure ou la valeur des Notes dans le 10. Chapitre: Nous devons estre icy persuadez du poids juste de ces Notes modulées dans les fins diverses des Pseaumes, lesquelles sont assignées aux Antiennes, pesées, & considerées, non par raport au commencement des Antiennes qui ne peut estre qu'arbitraire, mais par raport essentiel & necessaire à la cause finale des Tons, & à la raison, selon le degré des Festes & des Offices.

sur le Chant Gregorien. 135
Sommaire des Regles essentielles des fins des Pseaumes.

LEs Terminaisons des Pseaumes, dans les Tons qui en ont plusieurs, les plus longues & les plus solemnelles doivent estre attribuées aux grandes Festes. Les moyennes aux Festes moins solemnelles & aux Dimanches. Et les plus simples aux Feries & dans les Octaves. Le tout ainsy qu'il est reglé par les Rubriques des Tons dans les Antiphonaires exactement & regulierement disposez. Par ces Regles, qui sont fondées sur la nature raisonnable, il est aisé de voir dans les mesmes Antiphonaires, de quelle maniere sont variées les fins diverses des Pseaumes, quand il y a plusieurs Antiennes de mesme Ton dans quelque Office. Mais pour ne s'y jamais tromper, c'est que les Chantres seuls doivent chanter le premier Verset tout entier de chaque Pseaume qu'ils entonnent ; & le Chœur ne doit jamais reprendre que le second Verset : Ainsi qu'il est si prudemment ordonné dans le Ceremonial Romain.

CHAPITRE XIV.
Des Capitules, & des Respons.

LES Capitules ou Chapitres, appellez Leçons dans la Regle de S. Benoist, se doivent chanter tout droit, avec une seule inflection de la Tierce mineure à la fin, conformément & selon l'usage universel de toutes les Eglises Cathedrales, Collegiales, & considerables.

Toutes ces inflections frequentes à toutes les

virgules, de Seconde, de Tierce, & autres, avec la finale des Versets de l'Office des Morts & des Tenebres, n'ont esté introduites que par quelques Religieux peu versez au Chant.

Deux sortes de Respons sont à distinguer, les grands, & les petits, qu'on appelle Respons brefs. Le Chant des grands Respons est le plus regulier, & le mieux modulé de tous les Chants Ecclesiastiques, (à la reserve de quelques Notes superfluës, dont il a esté traité dans le Chapitre de la quantité des Notes.) C'est pourquoy l'on a conservé cette antiquité agreable & conforme à la gravité du Service Divin, de chanter un grand Respons aprés le Chapitre des premieres Vespres en plusieurs Cathedrales & Diocêses, au moins les Festes doubles & plus solemnelles, & mesme aux premieres & secondes Vespres dans l'Ordre celebre de Premonstré. S. Benoist dans sa Regle ordonne un grand Respons à Vespres, & à Laudes: car au 9. Chapitre ordonnant les Nocturnes, il appelle les grands Respons simplement Respons, *tria Responsoria canantur*: de mesme aux Chapitres 11. & 15. Pareillement Laudes & Vespres dans les Chapitres 12. 13. 17. & 18. *Responsorium, & Ambrosianum*. C'est à dire le Respons, & l'Hymne. Mais au 10. Chap. ordonnant l'Office de la nuit pour les Feries de l'Esté, auquel temps on ne dit qu'un ℟. bref aprés une petite Leçon ou Capitule, pour lors il le nomme expressément ℟. bref, *quam breve Responsorium subsequatur*. Neantmoins le Pape Paul V. aprés la Celebration du Concile de Trente, reformant le Breviaire de S. Benoist, ordonna ces Respons brefs à Vespres & à Laudes, comme nous les voyons. Delà plusieurs Eglises du mesme Ordre ont

ont pris cette loüable coûtume de chanter les Respons brefs de Vespres, au moins les grandes Festes, modulez à la maniere des grands Respons, avec un nombre raisonnable de Notes necessaires à la bienseance & à la gravité des Festes solemnelles, pour conserver en quelque façon la majesté des grands Respons.

CHAPITRE XV.

Des Hymnes.

LA Modulation des Hymnes de l'Eglise est admirable, & rien n'est plus capable d'exciter la devotion que ces Chants melodieux & tres-reguliers: mais il est vray de dire que plusieurs de ces Hymnes ont esté corrompuës par les changemens & reformations que l'on a pretendu y faire, (comme en plusieurs Antiennes & Respons.) Les unes par detraction de Notes necessaires, les autres par addition de Notes superfluës, & les unes & les autres par transposition de Notes irregulieres.

Celles qui sont corrompuës par detraction de Notes necessaires, particulierement dans le Romain, sont celles-cy, *Ad cœnam agni providi, Sacris solemnijs, Quodcunque vinclis, Doctor egregie, Aurea luce, Iam bone pastor, Petrus beatus, Sanctorum meritis, &c.* Celles qui sont chargées de Notes superfluës dans quelques Ordres Religieux, sont celles-cy, *A solis ortus cardine, Hostis herodes, Quem terra, O gloriosa Domina, Vexilla Regis, Christe sanctorum, Vt queant laxis, Christe redemptor omnium, Iste Confessor, Vrbs Ierusalem beata, &c.* Celles qui sont encore changées par

L

138 *Dissertation*

transposition de Notes irregulieres, dans quelques Livres anciens, sont celles-cy, *Conditor alme sy-derum, Vexilla Regis, Æterne Rex, Veni creator, Pange lingua, Ut queant laxis, Exultet cælum laudibus, Iste Confessor, Iesu corona Virginum, &c.* Mais sur tout *Ave maris stella*, dont la Modulation est si devote, naturelle, & agreable dans le Romain, & presqu'universellement par tout : c'est une des principales Hymnes dont le Chant se soit conservé le plus dans sa pureté originaire, estant parfaitement regulier en toutes ses parties, & particulierement dans son premier Vers, qui tombe en Cadence parfaite sur le la sa Dominante & corde essentielle ; cependant elle est corrompuë dans quelques Ordres, & dans ce premier Vers qui tombe irregulierement sur une corde estrangere. Cét Exemple est trop remarquable pour ne le pas noter, afin qu'on en voye la difference, *contraria contrarys opposita magis elucescunt.*

Voicy la Romaine.

Ave maris stel- la.

Voicy la corrompuë.

Ave maris stella.

Toutes les syllabes des Vers doivent estre distinctement prononcées, sans faire aucune elision ou synalœphe ; parce que le Chant doit perfectionner la prononciation, & non pas la corrompre, comme font ceux qui scandent les Vers en les chantant : Cétabus a esté desaprouvé par tous les Sçavans ; si l'on ne scande pas en declamant des Vers, encore moins doit-on scander en chantant, puisque le Chant est une expression plus authentique de la declamation, ou de la prononciation. Or quand il se rencontre quelque syllabe de trop pour le Chant, il en faut mettre deux sur une Note double, c'est à dire faire deux Notes en mesme degré, ou s'il y a quelques Notes liées en détacher une pour cette syllabe : le tout avec prudence & precaution. Pour ce qui est des longues & des breves de quantité de Grammaire, il n'y faut point avoir égard dans les Hymnes & les Proses dont le Chant est reglé d'une certaine mesure invariable, comme à deux temps dans les Hymnes *Ut queant laxis*, *Christe sanctorum*, *Iste Confessor* ; ou comme à trois temps dans les Hymnes *Conditor almæ syderum*, *Immense cæli conditor*, & dans la Prose *Veni sancte Spiritus* : pour les raisons alleguées au 10. Chapitre vers la fin, sur la Question de la quantité des Notes en valeur. Mais dans toutes les autres Hymnes & Proses qui suivent la regle & la mesure commune du Pleinchant ordinaire, trois choses sont à considerer. 1. Toutes les syllabes longues de quantité s'y doivent observer. 2. Toutes les penultiesmes breves dans les dictions de plus de deux syllabes s'y doivent aussi garder. C'est pourquoy lors qu'il arrive que plusieurs Notes liées ensemble sont assignées pour quelque penultiesme breve, pour lors il faut transposer ces Notes sur l'antepenultiesme, & en délier ou adjoûter une breve pour cette syllabe breve. 3. Toutes les autres breves de quantité, dans les mots de plus de deux syllabes, ordinairement dans les Hymnes ne sont pas considerées comme breves; c'est la pratique universelle, & le sentiment de tous les Autheurs, parce qu'il s'ensuivroit une infinité d'inconveniens difficiles à observer: neantmoins quand il n'y a qu'une Note assignée à une breve de cette sorte, principalement si c'est une voyelle devant l'autre, on la doit faire breve.

Donnons les Exemples de toutes ces choses; & des elisions ou synalœphes qu'il faut éviter.

Dans l'Hymne de la Nativité de N. S. *Christe Redemptor omnium.*

[notation]

Gloria ti-bi Domine. Cum Patre &

A solis ortus cardine.

[notation]

sancto Spiritu. Intac-ta nes-ciens vi-

rum. Gloria ti-bi Do-mine. Cum Pa-tre

& sancto Spi-ritu, in sempiter-na sæ-cula.

Hostis herodes.

[notation]

Mutavit un-da ori- ginem. Qui ap-paruis-

Sur le Chant Gregorien. 143

CHAPITRE XVI.
Des Cantiques.

Deux sortes de Cantiques sont à distinguer, les grands & les communs. Les Cantiques *Benedictus* de Laudes, & *Magnificat* de Vespres, sont appellez grands par excellence, parce qu'ils se chantent plus solemnellement que tous les autres communs, qui sont, *Benedicite*, *Cantemus*, *Audite cœli*, *Nunc dimittis*, &c. lesquels suivent la regle commune, & tout le mesme Chant des Pseaumes. La maniere de chanter les Cantiques *Benedictus* & *Magnificat*, est amplement notée dans la Table des Tons, avec toutes les observations necessaires: (à la reserve de quelques Modulations particulieres des Mediations du 1. du 6. & du 7. Ton, qui sont en usage dans quelques Ordres, & sont notées dans leurs Antiphonaires.)

Cette fin du 1. Ton n'est jamais assignée pour le *Magnificat*, particulierement quand on y touche de l'Orgue, parce que ce sol fait une dissonance perpetuelle contre la Finale, ou la Dominante de l'Orgue qui reprend aprés. Et ainſy de quelques autres Terminaiſons des Tons, leſquelles ne ſont pas affectées au *Magnificat*, pour la raiſon ſuſdite, ou parce qu'il eſt convenable de les reſerver ſeulement pour les Pſeaumes, ſans les repeter encore à *Benedictus* & à *Magnificat*.

CHAPITRE XVII.
Des autres Parties de l'Office Divin.

Les Antiennes, les Pſeaumes, les Reſpons, les Hymnes, & les Cantiques, qui font le corps du Pleinchant, & dont il a eſté ſuffiſamment parlé dans les Chapitres precedens, toutes ces parties principales de l'Office ſont contenuës dans les Antiphonaires. Et les Introites, les *Kyrie*, *Gloria in excelſis*, Graduels, *Alleluya* avec leurs Verſets, Traits, Proſes, *Credo*, Offertoires, *Sanctus*, *Agnus*, & les Communions, qui font auſſi le corps du Pleinchant des Meſſes, leſquelles ſont compriſes ſous ce mot ample d'Office; toutes ces parties principales de la Meſſe ſont contenuës dans les Graduels. Et les parties du Chant corrompu de ces Meſſes dans pluſieurs Graduels ſont ſuffiſamment expliquées & demontrées dans le 8. Chapitre, par les Regles; & dans le 10. Chapitre, de la quantité des Notes ſuperfluës. Mais les autres parties qui ſe chantent quaſi tout droit, ſçavoir les Verſets ou Verſicules, les Leçons, les Prieres, les Oraiſons, les Propheties, les Epîtres, les Evangiles, &c. Toutes ces choſes ſont amplement notées, avec les obſervations requiſes &
neceſſaires

nécessaires pour la perfection du Chant, dans les formules de l'Ordinaire de l'Office divin, cy-après; suivant l'usage des plus anciennes & considerables Eglises de France. Toutes les autres manieres irregulieres, particulierement des Leçons, des Capitules, & des Oraisons, avec des inflections ou des elevations de voix differentes à toutes les virgules, aux points, & aux deux points, ne sont aucunement conformes à la bien-seance Ecclesiastique: parceque ces sortes de Prieres se doivent chanter avec simplicité, comme le témoigne S. Isidore dans ses Offices Ecclesiastiques: *Lectio dicitur à legendo. Accentuum vim oportet scire Lectorem, ut noverit in quâ syllabâ vox protendatur pronuntiantis. Vox autem ejus non aspera, non rauca, vel dissonans; sed canora erit, habens sonum & melodiam sanctæ Religioni congruentem, & quæ Christianam simplicitatem in ipsa modulatione demonstret.* Il est donc vray de dire que les Leçons ou Capitules, & Oraisons, se doivent plûtost lire ou prononcer que chanter; & S. Augustin loüe cette pratique à l'égard de S. Athanase, *qui tam modico vocis flexu faciebat sonare Lectorem, ut pronuntianti vicinior esset quam canenti.* De là vient que S. Benoist dans sa Regle, ordonne à Laudes & à Vespres tous les jours que le Prieur dise ou recite l'Oraison Dominicale, afin que tous l'entendent; conformément à l'usage Romain qui ordonne cette Priere à Laudes & à Vespres des principales Feries, comme il est porté dans la Rubrique, *totum dicitur clarâ voce*; c'est à dire au plus que cette Oraison soit chantée tout droit, & simplement, avec les poses convenables, & une simple inflection de la Tierce mineure à la fin, & de mesme au ℟. *Sed liberanos à malo.*

Lib. 2. cap. 11.

Cap. 13.

CHAPITRE DERNIER.

Conclusion de cet Ouvrage.

Que le Chant Gregorien est le p^l', authentique, & le plus considerable de tous les Chants Ecclesiastiques.

APRES avoir montré par les sacrez Decrets des Conciles, & par les témoignages des saints Peres de l'Eglise, l'excellence du Chant Gregorien : apres avoir prouvé clairement par l'histoire & l'authorité de plusieurs graves personnages, par la science & la raison, que le Chant Gregorien avoit esté corrompu dans plusieurs de ses parties : apres avoir insinué en quelques endroits, que la pluspart des Chants particuliers & differens, qui avoient esté introduits sans authorité dans plusieurs Eglises, n'estoient pas comparables au Chant Gregorien ; parce que les uns sont composez à la maniere profane du theatre, ce qui repugne à la bienseance Ecclesiastique ; les autres à la verité sont plus devots, mais tout syllabiques, & parconsequent peu conformes à la gravité du Service divin ; & les autres enfin sont composez dans toute la finesse du Chant, (lesquels pourtant sont tres-rares ;) mais cette grande delicatesse ne vaut pas la devotion & la pieté sensible & interieure qu'inspire & cause dans l'ame cette simplicité agreable & melodieuse du Chant Gregorien. Que s'ensuit-il de tout cela ? Et que puis-je conclure de plus juste dans l'execution de mon dessein,

& dans la fin de ce Traité, sinon que le veritable Chant Gregorien (c'est à dire l'Antiphonaire & le Graduel Romain purgez entierement de ces abus, & mesme les autres Antiphonaires & Graduels exactement corrigez avec les authoritez legitimes & necessaires,) est le plus authentique, & le plus considerable de tous les Chants Ecclesiastiques. Auquel veritablement conviennent ces paroles admirables de S. Bernard, *Si ergo opus singulare & ab omnibus Antiphonariis diversum fecisse reprehendimur, id nobis restat solatii; quod nostrum ab aliis ratio fecit diversum : alia vero inter se diversa fecit casus, non ratio, vel aliud quidpiam quod in causa casum non præponderat.*

Et en effet considerons ces belles Antiennes, *Veniet ecce Rex. In adventu summi Regis. Benedictus Dominus. Erexit nobis. Inclinavit. Ecce quam bonum. Omnia quæcunque voluit. Laudabo Dèum meum. Deo nostro. Leva Jerusalem. Antequam convenirent. Quærite Dominum. Ecce veniet. Canite tuba. Levate capita vestra. Herodes iratus. Vox in rama. Ante luciferum genitus. Apertis thesauris suis. Tribus miraculis. Qui me sanum fecit. Cum fortis armatus. Ille homo qui dicitur Jesus. Lazarus amicus noster. Hosanna filio David. Pueri Hebræorum. Traditor autem. Popule meus :* avec tous ces divins *Agios*, & Reproches suivants, lesquels non seulement touchent l'oreille, mais percent le cœur des plus insensibles. *Tu es pastor ovium. Bonum certamen. Hodie Simon Petrus. Solve jubente Deo. O quam gloriosum est regnum. Dixerunt discipuli. Oculis ac manibus. Estote fortes in bello. Vestri capilli capitis. Sacerdos & Pontifex. Amavit eum Dominus. Date ei de fructu*

Non est hic aliud. Da pacem Domine. Alma Redemptoris Mater. Ave Regina cœlorum. Regina cœli lætare. Salve Regina. Asperges me Domine. Avec quel artifice ingenieux, & quelle industrie singuliere tous les huit Tons des Pseaumes sont-ils variez, & leurs Terminaisons differentes & diversifiées? Ce qui a fait dire à S. Bernard ces belles paroles, *Sicut orationibus juvamur, ita Psalmorum modulationibus delectamur.* Que peut-on voir de mieux modulé que ces Respons? *Missus est Gabriel. Lætentur cœli. Montes Israël. Erumpant montes. Rex noster adveniet. O magnum mysterium. Sancta & immaculata. Centum quadraginta. Cantabant sancti. Congratulamini. Duo Seraphim. Veni hodie ad fontem. Domine puer meus jacet. In mari via tua. Attendite popule meus. Quid me quæritis. Velum templi scissum est. Vinea mea electa. Surrexit Pastor bonus. Virtute magna. Peccavi super numerum. Conforta me Rex. Vidi Dominū. Simon Petre. Si diligis me. Reposita est. Tu es vas electionis. Simeon justus. Gabriel Angelus. Surge propera. Ornatam monilibus. Beatam me dicent. Dixerunt discipuli. Dum steteritis. Isti sunt viri sancti. Stola jucunditatis. Inveni David. Sint lumbi vestri præcincti. Media nocte. Regnum mundi. Lapides pretiosi. Libera me Domine.* Mais sur tout cet agreable Répons de S. Pierre, *Cornelius Centurio,* qui fut composé par nostre pieux Monarque Robert Roy de France, vray miroir de sainteté, lequel estant à Rome, un jour entendant la Messe du Pape, presenta avec grande devotion à l'Offertoire ce Répons. Ceux qui servoient sa Sainteté à l'Autel, accoururent incontinent, croyant que ce grand Roy eust presenté une grande somme d'or,

Lib. de Modo bene vivendi, cap. 52.

& trouvant que c'estoit ce Répons écrit & noté, ils admirerent grandement son esprit, & sa devotion, & à leur priere le Pape en memoire de ce Roy de tres-sainte vie, ordonna que ce Répons seroit desormais chanté en l'honneur de S. Pierre. Du Peyrat en ses Antiquitez de la Chapelle du Roy de France fait cette remarque, aprés l'Abbé Tritheme. Ce Répons, qui est une des plus belles pieces de Pleinchant que nous ayons dans l'Eglise, n'est plus dans le Romain, mais il est encore dans sa pureté vray-semblablement dans l'Antiphonaire de Paris, qui l'a toujours retenu avec respect & à bon droit. Toutes ces Hymnes ne font-elles pas pleurer de joye interieure, & de jubilation ? *Conditor alme syderum. Christe redemptor omnium. A solis ortus cardine. Gloria, laus, & honor tibi sit. Jesu nostra redemptio. Æterne Rex altissime. Veni creator spiritus. Beata nobis gaudia. Jam Christus astra ascenderat. Pange lingua gloriosi corporis. Tibi Christe splendor Patris. Christe sanctorum. Ut queant laxis. Pater superni luminis. Exultet cœlum laudibus. Æterna Christi munera. Sanctorum meritis. Deus tuorum militum. Iste confessor. Jesu corona virginum. Fortem virili pectore. Urbs Jerusalem beata. Ave maris stella. O gloriosa Domina.* Ces autres Hymnes n'excitent-elles pas la veritable componction ? *Audi benigne conditor. Vexilla Regis prodeunt. Pange lingua gloriosi Prælium certaminis. Tristes erant Apostoli.* Tous les Offices entiers de la sainte Trinité, du S. Sacrement, de la Transfiguration de nostre Seigneur, & de la Visitation de la sainte Vierge, ne sont-ils pas capables d'attendrir les cœurs les plus endurcis ? L'on ne peut rien faire de plus sublime & qui porte plus

Liv. 2. chap. 60.

à la veneration des sacrez Mysteres, que ces Chants des Messes, les Introites, *Rorate cœli desuper. Factus est Dominus protector meus. Suscepimus Deus misericordiam tuam. Protector noster aspice. Justus es Domine. Da pacem Domine. Mihi autem absit gloriari. Illuxerunt coruscationes. Gaudeamus omnes in Domino. Statuit ei Dominus. Salus autem justorum. Os justi meditabitur. Salve sancta parens.* Que dirons-nous de ces Kyrie graves des festes solemnelles ; & des Doubles qu'on appelle le Kyrie des Anges ? Ne participons-nous pas effectivement à leur joye, quand nous chantons ces belles modulations du *Gloria in excelsis Deo ?* Et tous ces divins *Alleluya*, avec leurs Neumes, & leurs Versets, *Cantate Domino canticum novum. Domine exaudi orationem. Timebunt gentes. De profundis clamavi. Magnus sanctus Paulus. Christo confixus sum cruci. Senex puerum portabat. Justus non conturbabitur. Levita Laurentius. Assumpta est Maria in cœlum. Te gloriosus Apostolorum chorus. Franciscus pauper & humilis. Beatus vir sanctus Martinus. Hic est Sacerdos. Justi epulentur.* Quel genie peut approcher seulement de composer des Chants comme ces Proses admirables ? *Victima Paschali laudes. Veni sancte Spiritus. Lauda Sion Salvatorem. Dies iræ dies illa.* Ne diriez-vous pas que celle-cy vous fait sortir des sepulchres, & que les autres vous mettent jusques dans le Paradis ? Le cœur, aussi bien que la voix, chante la profession de foy, *Credo in unum Deum.* A la Preface, l'esprit s'éleve jusqu'au Ciel par la douceur du Chant. Mais au *Sanctus, Benedictus, O salutaris hostia*, combien ressentons-nous interieurement de mouvemens de respect, de devotion, & de charité? Au *Paternoster*, quel insensible n'est pas touché? Peut-on jamais exprimer la misericorde de cet Agneau immaculé avec plus de tendresse que par la douce melodie de tous ces differens *Agnus Dei*? Ce ne seroit jamais fait si l'on vouloit expliquer tous les effets merveilleux que cause dans nos ames le Chant de l'Eglise : car comme disent excellemment plusieurs saints Peres, *Cantus in Ecclesia mentes hominum lætificat, fastidiosos oblectat, inertes excitat, peccatores ad lamenta invitat : pietatis decertatores generosos & fortes per constantiam in rebus adversis efficit; omnium rerum, quæ in vita tristes & luctuosa accidunt, piis affert medicinam.* Enfin pour comble de tous ces Eloges, nous pouvons dire avec S. Elrede, que c'est le saint Esprit mesme qui a institué dans l'Eglise son Epouse cette maniere de chanter, *Modum cantandi Spiritus sanctus per organa sua, Augustinum videlicet, Ambrosium, maximeque Gregorium, instituit.*

SS. Bernardus, Isidorus, Justinus.

Speculo ch. l. 2. c. 2 J.

Par toutes les authoritez celebres des Conciles & des SS. Peres, & par toutes les preuves demonstratives de la science & de la raison, alleguées en plusieurs parties de cet Ouvrage, il est vray de dire que le Chant Gregorien est le plus authentique, & le plus considerable de tous les Chants Ecclesiastiques. *Psallite Deo nostro, psallite Regi nostro, psallite sapienter.*

Ps. 46.

Si quid in hoc Lector placet, assignare memento Id Domino : Quicquid displicet, hocce mihi.

Formulæ.

FORMULÆ CANTUS
ORDINARII
OFFICII DIVINI.

Ad Missam, Orationum Formula.

℣. Dominus vobiscum. ℟. Et cum Spiritu tuo. Oremus, Excita, quæsumus Domine, potentiam tuam, & veni : vt ab imminentibus peccatorum nostrorum periculis, te mereamur protegente eripi, te liberante salvari. Qui vivis & regnas cum Deo

Cantus Ordinarij

Patre in unitate Spiritus sancti Deus:

Per omnia sæcula sæculorum. ℟. Amen.

Quando dicendum est Flectamus genua,
tunc Oremus, sic cantatur,

Ore- mus.   Flectamus genua.   Leva- te.

Præsta quæsumus, &c.

Sic totum directè præter finem Per omnia, ut suprà.

Formula Prophetiarum.

Lectio Isaïæ   Prophetæ.   In diebus

illis: Dixit Isaïas   Propheta.

Et sic semper ad punctum.
Si vero penultima dictionis sit
brevis, deprimitur cum ultimâ,
hoc modo,   *ad prælium.*

Officij Divini.

Ad Virgulam, *punctum cum virgulâ*; *& duo puncta*: *nulla sit inflectio vocis, sed totum directè canitur.*

Si punctum sit frequentius, breviorque periodus; tunc directè cantatur, sumendo aliquod punctum ut duo puncta.

In dictionibus Hebraïcis, Græcis, & hujusmodi alijs indeclinabilibus; in sanctissimo nomine Jesu *per omnes casus; in vocabulo* Amen; *ac in omnibus monosyllabis; sequente puncto simpliciter. vel in quacunque dictione, sequente puncto interrogante? vel admirativo! sic decet cantare.*

Jerusalem.   Salvabit nos.

Si punctum interrogans sit frequentius, aliquod sumitur ut virgula directè cantando.

Finis autem Pro-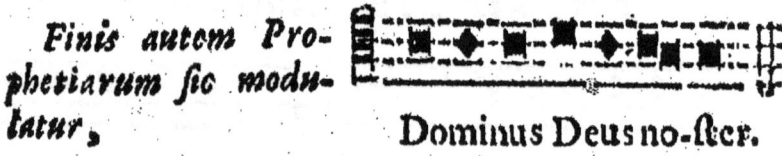
phetiarum sic modu-
latur,   Dominus Deus no-ster.

Ita ut quatuor ad hanc finis Modulationem sufficiant ultima syllaba. Si vero dictionis terminantis penultima sit brevis, quinque tunc ad finalem Modulationem requiruntur syllabæ. Exempli gratiâ.

Dominus omni- potens.

Epistolæ Formula.

L Ectio libri sa- pientiæ.   Ab initio,

& ante sæcula creata sum: & usque ad

futurum sæculum non desinam: & in habi-

tatione sancta, coram ipso mi- nistravi.

Et sic in Sion firmata sum: & in civitate

sanctificata similiter requievi, & in

Jerusalem potes- tas mea. Et radicavi

in populo honorificato: & in parte Dei

mei, hære- ditas illius: Et in plenitu-

dine sancto- rum detentio mea.

Ex his patet Elevationem vocis regulariter faciendam ad punctum. Cujus defectu ad duo puncta: quando sunt frequentiora, ne duæ consequenter fiant Inflectiones: ut videre est in Exemplo allato, hæreditas illius: Inflectionem vero faciendam regulariter ad duo puncta: vel ad punctum cum virgula; quorum defectu ad virgulam simpliciter. Sed quot syllabæ sequi debeant Elevationem, vel Inflectionem, non est levis difficultas.

Inflectionem sequi debent ut plurimum quatuor syllabæ: sed hæc regula nullatenus observanda si aliquis ex sequentibus occurrat casus, tunc enim plures aut pauciores admittendæ.

Disyllabæ, vel polisyllabæ dictionis, nunquam decenter in primâ nec in ullâ fit Inflectio præter ultimam syllabam. Unde sequentes Regulæ.

Nulla unquam syllaba dictionis terminantis inflectitur: sed Inflectio reijcitur in dictionem præcedentem. Ideo ritè cantatur,

Beatus vir qui suffert tentationem:

in populo honorificato:

Similiter Inflectio reycitur in præcedentem, ut patet his Exemplis.

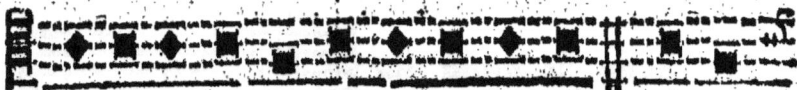

Laudate omnes gentes Dominum: cum vos

oderint homines: ante omnia honorare

Deum: in noviſſima tuba: Vas electionis est:

Inflectitur nomen Jeſu, modo tres ſuperſint ſyllabæ.

Dixit Jeſus ad turbas: hic est Jeſus propheta:

Similiter inflectitur ultima dictionis quatuor vel amplius ſyllabarum, modo tres poſt Inflectionem ſuperſint ſyllabæ.

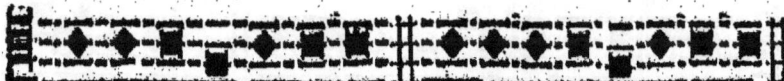

testamentum æternum: reſurrecturos ſperaret:

Imo duæ ſufficiunt, ſi dictio præcedat quinque vel amplius ſyllabarum.

Septuaginta duos: in omni tribulatione nostra:

Officij Divini.

vel etiam duæ syllabæ sufficiunt post Inflectionem, si brevior sit sensus:

In diebus illis:

Imo nulla fit unius dictionis Inflectio:

Fratres:

Si penultima dictionis quæ recipit Inflectionem sit brevis, deprimitur simul cum sequenti,

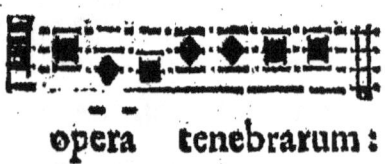
opera tenebrarum:

Nunquam duæ consequenter fiunt Inflectiones, sed Elevatur, vel sæpius directè cantatur ubi frequentiora sunt duo puncta: ut patet ex Epistola supra scripta, & ante sæcula creata sum:

Elevationi tres ut plurimum subesse debent syllabæ. Sed hæc Regula minimè servanda positis sequentibus. Tunc enim plures aut pauciores subesse valent.

Disyllabæ, vel polisyllabæ dictionis, ultima syllaba nunquam attollitur, nec ulla brevis, sed præcedens elevatur, & ipsa deprimitur ultima, vel brevis. Ideo rectè canitur,

Lectio Isaï- æ prophetæ. Lectio li-

bri Exodi. Spi- ritum sanctum.

Dictio quatuor syllabarum terminans, cujus penultima brevis, nunquam attollitur, sed monosyllaba si præcedat; alioquin, penultima dictionis præcedentis, modo sit longa; sin minus, antepenultima. Ut patet ex sequentibus Exemplis,

Lectio Epistolæ beati Pauli Apostoli

ad Corinthios.   ad Ephesios.

beati Joan-nis Apostoli.   in benedic-

tio-   nibus dulcedinis.

Si brevior sit periodus, duæ post Elevationem sufficiunt syllabæ, imo vel nulla sit Elevatio.

ad Titum.   Charissime.

Duæ raro consequenter fiunt Elevationes, præsertim si periodus minime sit longa. Tunc enim rectâ voce sumitur punctum ut virgula, vel ut duo puncta fit Inflectio: Exempla collige.

Quæ est ma-ter nostra.   Scriptum est enim.

Ex

Officij Divini. 161

Ex tribu Juda: duodecim mil-lia signati.

Ex tribu Ruben: duodecim millia signati.

Ex tribu Gad: duodecim mil-lia signati.

Et sic alternatim *Elevatur* & *Inflectitur*. *Quod fit ex arbitrio & prudentiâ, sicut & in cæteris qui possunt occurrere casibus.*

Vt autem hæc omnia faciliùs observentur, certi charasteres ad Inflectionem, Elevationem, punctualem, finalemque modulationem differentes ac proprij, excudentur in alterâ Missalis editione.

Charasteres hi proprij sunt quatuor, sic notati,

— *Inflectio Epistolæ, & Evangelij, ad Tertiam.*
◡ *Elevatio Epistolæ, ad Tertiam.*
◡ *Modulatio punctualis Evangelij.*
ſ *Modulatio finalis Epistolæ ac Evangelij.*

Figura — *designat Inflectionem syllabæ supra quam est hæc figura posita.*

Figura ◡ *notat Elevationem syllabæ supra quam est notata.*

Figura ◡ *designat Modulationem Evangelicam syllabæ supra quam ponitur ipsa figura.*

Denique figura ſ *notat Modulationem finalem syllabæ supra quam est hæc figura posita.*

Exempla collige ex supradictis & sequentibus.

O

In dictionibus Hebraïcis, Græcis, aliysque hujus-
modi indeclinabilibus, in sanctissimo nomine Jesu
per omnes casus, in vocabulo Amen, ac in omnibus
monosyllabis, ad punctum simpliciter; vel in quâ-
cunque dictione ad punctum interrogans & admira-
tivum; eadem Regula servatur quæ supra in Pro-
phetys, ac in Evangelia infra.

Finis autem Epistolæ, circa medium ultimæ pe-
riodi, modulatur perinde ac Evangely, cujus ibi-
dem habentur Exempla.

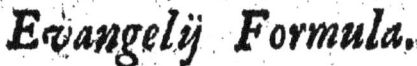
Evangelij Formula.

℣. Dominus vobis- cum. ℟. Et cum Spiri-

tu tu- o. Sequentia sancti Evangelij

secundum Lu- cam. Gloria tibi Domine.

In illo tempore: Loquente Jesu ad turbas,

extollens vocem quædam mulier de turba

Officij Divini. 163

dixit il- li. Beatus venter qui te portavit:

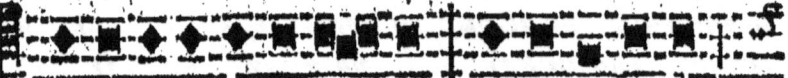
& ubera quæ suxi- sti. At ille dixit.

Quinimmo beati qui audiunt verbum

De- i; & custodiunt illud.

Inflectio fit ad duo puncta: vel ad punctum cum virgulâ; quorum defectu ad virgulam simpliciter, perinde ac in Epistolâ. Cujus observationes ibidem colligendæ.

Modulatio verò ad punctum fit regulariter in penultimâ dictionis terminantis ad omne punctum simpliciter.

Si penultima dictionis terminantis sit brevis, modulatio fit in antepenultimâ.

Unum est necessa- rium.

Si punctum sit frequentius, vel brevior periodus, directè cantatur, vel inflectitur sumendo aliquod punctum ut duo puncta: quod observandum in formulâ prædictâ, At ille dixit. Vel etiam in

O ij

sequentibus Exemplis, ubi punctum interrogans & punctum admirativum in quâcunque dictione, ac præterea punctum simpliciter in dictionibus Hebraïcis, Græcis, & hujusmodi aliis indeclinabilibus, in sanctissimo nomine Jesu per omnes casus, ac in omnibus monosyllabis, pariter ac in Epistola, decenter hoc modo terminantur,

vocabis nomen ejus Jesum.   Israël.

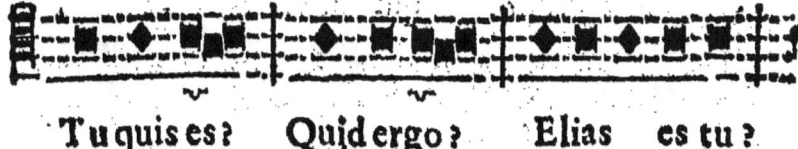

Tu quis es?   Quid ergo?   Elias es tu?

Et dixit: Non sum. Propheta es tu? Et res-

pondit: Non.   Dixerunt ergo ei.   Quis es:

vt responsum demus his, qui miserunt nos?

Quid dicis de teipso?   A - it.

Et sic alternatim Inflectio cum Modulatione punctuali, si breviores sint periodi.

Finis autem Evangelij semper est eadem ac Epistolæ, circa medium ultimæ periodi. Si brevis quædam occurrat, Exempla recole,

Faciem tu- am; Ecce ancilla Do- mini:

Reliqua periodi trahuntur in directum.

Unica sufficit Intonatio Symboli, etsi variæ sint ipsius modulationes.
Præfationes, & cætera quæ spectant ad Celebrantem, annotantur in Missali. Sed hic error devitandus,

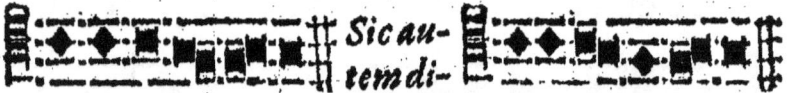

Dominati- o- nes. *Sic autem dicendum,* Domina-tio- nes.

In Quadragesima sic in fine Missæ cantatur,

Ore- mus. Humiliate capita vestra Deo.

Ad Matutinum in primis cantatur,

℣. Domine labia mea aperies.

℟. Et os meum annunciabit laudem tuam.

Cantus Ordinarij

Ad Completorium præmittitur.

℣. Converte nos Deus salutaris noster.

℞. Et averte iram tuam à nobis.

Ad omnes Horas universaliter Officij Divini,

℣. Deus in adjuto- rium meum intende.

℞. Domine ad adjuvandum me festina. Glori-

a Patri & Filio, & Spiritui sancto:

Sicut erat in principio, & nunc & semper,

& in sæcula sæculorum, amen. Alle- luya.

Vel in Septuag. Laus tibi Domine, Rex æter-næ gloriæ.

De Benedictionibus, Absolutionibus, & Capitulis.

Pater noster, *Et reliqua secreto, usque ad* ℣. Et ne nos inducas in tentationem. ℟. Sed libera nos à malo. Jube Domne benedicere. Benedictione perpetua benedicat nos Pater æternus. ℟. Amen.

Sic terminantur Absolutiones. Si vero penultima dictionis terminantis sit brevis, deprimitur cum ultimâ, misericors Dominus.

Sic etiam terminantur Capitula. Sed in dictionibus Hebraïcis, Græcis, & hujusmodi alijs indeclinabilibus; in sanctissimo nomine Jesu per omnes casus; in vocabulo Amen; ac in omnibus monosyllabis; ad punctum simpliciter. vel in quacunque dictione ad punctum interrogans? vel admirativum! rite servatur in fine Capituli Prophetiarum Regula.

Cantus Ordinarij

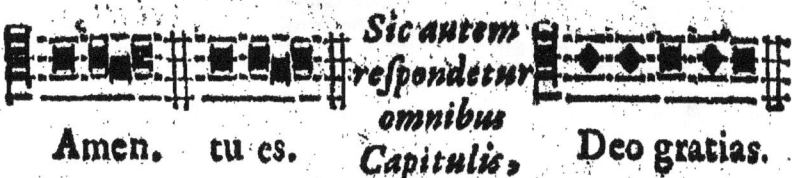

Amen. tu es. *Sic autem respondetur omnibus Capitulis,* Deo gratias.

De Lectionibus.

Omnes omninò quæ supra de Cantu Prophetiarum servanda sunt Regula de Lectionibus canendis, exceptâ Conclusione quæ communi & punctuali Regulæ subijcitur,

Tu autem Domine miserere nobis. ℞. Deo gratias.

Eadem verò Prophetiarum Conclusio servatur etiam ad Lectiones Officij Defunctorum, necnon ad Lectiones in triduo majoris hebdomadæ secundi & tertij Nocturni.

De Versiculis.

Ad Nocturnos; ad Laudes & Vesperas post hymnos, cantantur omnes Versiculi & Responsiones, sub hac formulâ,

℣. Dirigatur Domine oratio mea.

Verùm ad omnes Commemorationes; ad Horas post Responsoria brevia; necnon ad Antiphonas B. Mariæ post Completorium, sic omnes Versiculi terminantur cum suis Responsionibus,

Officij Divini. 169

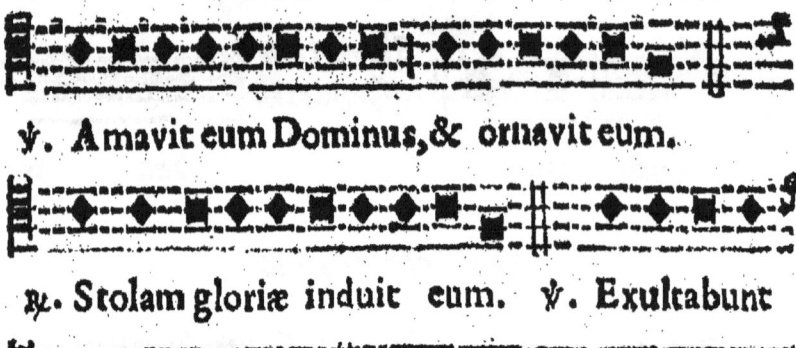

℣. Amavit eum Dominus, & ornavit eum.

℞. Stolam gloriæ induit eum. ℣. Exultabunt sancti in gloria.

Dictiones monosyllabæ sic terminantur, vel etiam hebraïcè,

℣. Exurge Christe adjuva nos. Deus mandavit de te. Amen.

Et respondetur communiter ut supra, (nisi sit monosyllaba, vel hebraïca.)

℞. Et libera nos propter nomen tuum.

De Precibus, & Orationibus.

Kyrie eleyson, *& Preces quæ dicuntur in fine Officij, voce directâ cantantur, ad Quintam inferiorem Dominantis Antiphonæ seu Versiculi præcedentis,*

P

Cantus Ordinarij

Kyrie eleyson, Christe eleyson, Kyrie eleyson.

Sed extollitur ad Notam Dominantem. ℣. *Domine exaudi, & terminatur communiter ut Versiculi Commemorationum.* Dominus vobiscum, *& Orationes, ut supra ad Missam: totum directè præter finem,*

Per omnia sæcula sæculorum. Vel, Per

Christum Dominum nostrum. Qui vivis & re-

gnas in sæcula sæculorum. ℟. Amen.

Cum autem est facienda Commemoratio, ipsam quæ præcedit Oratio sic terminatur,

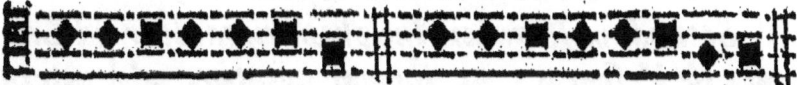

nos absolve peccatis. frequentemus obsequijs.

Ad Laudes & Vesperas feriales, Pater noster, *totum ad Dominantem directè canitur, præter finem,*

Et ne nos inducas in tentationem. ℟. Sed li-

Officij Divini.   171

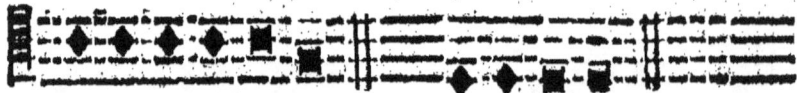

bera nos à malo.   ℣. Ego dixi, &c.

Psalmi De profundis, *&* Miserere, *dicuntur etiam directè sub eodem Tono inferiori. Sed extollitur in Dominantem.* ℣. Exurge Christe, &c. *terminaturque ut supra.*

Ad Primam legitur Martyrologium ad formam Lectionum. Deinde canuntur ut Versiculi Commemorationum, ℣℣. Pretiosa. Deus in adjutorium. Gloria Patri. Kyrie *vero, ac reliqui Versiculi sub eodem Tono inferiori. Oratio, Benedictio, & Lectio, ad prædictas formas. Posteà* ℣. Adjutorium, *ut Versiculi Comm. Sic tandem finitur,*

℣. Benedicite. ℟. Deus. Dominus nos benedicat, &c.

Ad Tertiam, Sextam, & Nonam, extollitur ut supra ℣. Exurge Christe, &c. *Et ad Completorium eodem modo cantatur* ℣. Adjutorium nostrum, &c.

Benedicamus Domino,

Secundum Regulas Antiphonarij canitur ad Laudes & Vesperas, ut ibidem notatur. Ad cæteras autem Horas, ut hìc sequitur,

Benedicamus Domino.   Deo gratias.

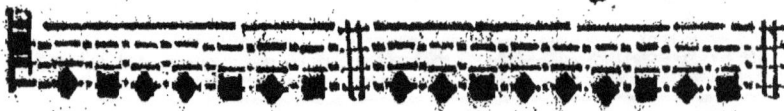

Fidelium animæ.   Benedicat & custodiat.

P ij

Cantus Ordinarij

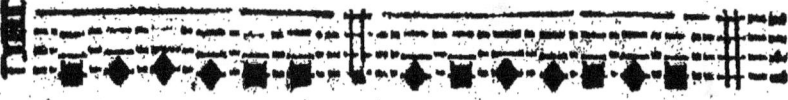

Dominus det nobis.   Divinum auxilium, &c.

Totum directè.

In Officio Defunctorum.

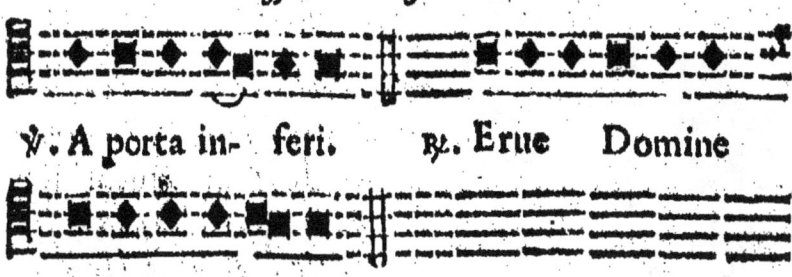

℣. A porta in- feri.   ℟. Erue Domine animas eo- rum.

Sequuntur hanc formulam Versiculi Nocturnorum, & ℣. Audivi vocem, ad Vesperas & Laudes. At ℣. Et ne nos inducas, cæterique Versiculi canuntur ut supra ad Commemorationes: directè ad Dominantem, Psalmi De profundis; Lauda anima mea Dominum; Dominus vobiscum; *& Orationes præter finem,*

Per omnia sæcula sæculorum.   *Vel,* Per Christum Dominum nostrum. Amen.

Requiescant in pace.   Amen.

Eodem modo quo supra in Officio Defunctorum, cantantur omnes Versiculi in Triduo ante Pascha.

TRACTATUS
De Modis canendi Psalmos & Cantica, secundum octo Cantûs Gregoriani Tonos.

D certas de Canticis & Psalmis cantandis Regulas instituendas, duo sunt distinguenda. Primum scilicet est Tractus Notarum in eodem Tono; secundum autem est Variatio Cantûs in Intonationibus, Mediationibus, & Terminationibus Tonorum. Tractus quidem Notarum reperitur in omnibus Tonis, scilicet ab Intonatione ad Mediationem, & à Mediatione ad Terminationem: Cantûs autem Variatio differt in singulis Tonis. Hoc posito attendendum quæ syllabæ debeant esse longæ, quæ breves.

De Tractu Notarum.

1. Quælibet dictio monosyllaba vulgò sit brevis in Tractu Notarum; nisi sit ipsius Tractûs ultima Nota, quæ tunc fit longa. Exempla reperies in Tabulâ Tonorum infra, numeris 2. 15. 21. 24. 25. 27. 28. 29.

2. Disyllabæ dictionis utraque syllaba sit brevis: si verò prior syllaba sit positione longa, vel sit ultima Tractûs Nota, fit longa. Exemp. 6. 7. 9. 11. 25. 26.

3. Polysyllabæ dictionis penultima longa remanet longa, cæteræ fiunt breves: si verò penultima sit brevis, antepenultima sit longa, cæteræ breves.

Ex. 1. 6. 7. 9. 10. 11. 24. 25. 27.

(Quod pariter vel circiter obſervandum in Lectionibus, Capitulis, Verſiculis, Orationibus, ac per omne quod trahitur in directum.)

De Variatione Cantûs.

1. Quælibet dictio monoſyllaba in Variatione Cantûs vulgo fit longa. Ex. 18. 19. 20. 24.

2. Diſyllabæ dictionis utraque ſyllaba fit longa. Ex. 1. 2. 3. 18.

3. Poliſyllabæ dictionis penultima longa remanet longa, cæteræ prout quantitas requirit: ſed ultima fit brevis (etiam in Diſyllabis) ante monoſyllabam in fine Mediationis & Terminationis poſitam; non autem ante duas monoſyllabas ibidem poſitas. Ex. 7. 15. 16. 17. 18. 19. 20.

4. Poliſyllabæ dictionis penultima brevis remanet brevis, antepenultima verò fit longa, cæteræ prout quantitas requirit: ſed ultima fit longa ante monoſyllabam in fine Mediationis & Terminationis poſitam, modo plures ipſi tribuantur Notæ; secùs fit brevis. Ex. 9. 10. 11. 12. 13. 14. 21. 22. 23.

5. Poliſyllabæ dictionis, exceptâ penultimâ brevi, quælibet ſyllaba fit longa ſi plures habeat Notas: vocalis tamen i ante omnem vocalem longam fit ſemper brevis. Exempla vide infra in tertio Tono, ſub his Terminationibus, *Scabellum pedum tuorum.* & *congregatione.*

6. Ultima Nota Mediationis & Terminationis ita fit longa ut duabus longis æquivaleat Notis. (Quod pariter obſervandum ad finem in ſingulis partibus Officij Divini.)

175

TABULA TONORUM.

PRIMI TONI.

Intonatio ; Tractus Notarum ; Mediatio ; Tractus ;

1. Dixit Dominus Domino meo : 2. Sede à

Terminatio.   Variæ Terminationes.

dextris me-is. 3. Sede à dextris me-is.

4. Sede à dextris me-is. 5. Sede à dextris meis.

6. Donec ponam inimicos tuos : 7. Scabellum

Altera Intonatio.

pedum tuo- rum. 8. Domine probasti me.

Sic omnes intonantur Psalmi Vesperarum, primi Toni, quorum primæ dictionis secunda syllaba brevis; secus ut Dixit. Sic autem ut hîc supra Donec ponam, intonantur directè cateri Versus; sicut & primus cujuslibet Psalmi extra Vesperas; vel etiam

176 Tabula Tonorum.

ad ipsas Vesperas in Officio semiduplici & feriali. Cum autem facienda est pausa, (verbi gratiâ ad Crucem †,) sit etiam directè, (in omnibus Tonis, sicut & Mediatio hujusce primi Toni.) Finis vero sunt diversæ Terminationes singulis Antiphonis assignatæ. Quæ omnia pariter observanda sunt in reliquis Tonis.

Ex his patet in primo Tono duas ad Intonationem requiri syllabas, vel etiam tres dictionis penultimâ brevi: similiter ad Mediationem, (& pausam Crucis: †) quatuor autem regulariter ad finem complendam. Sed pro diversâ dictionum qualitate ac syllabarum quantitate, sequuntur varia Terminationis Exempla.

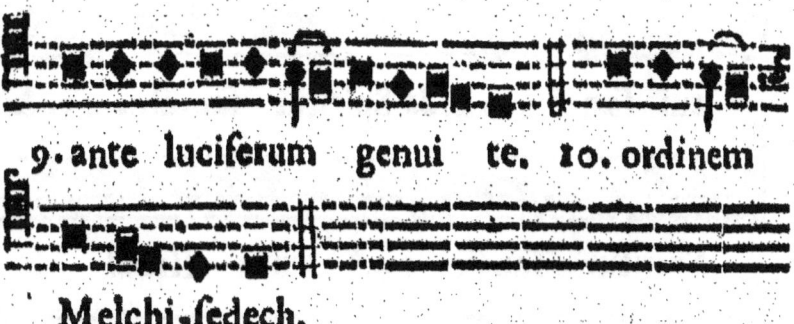

9. ante luciferum genui te. 10. ordinem Melchi-sedech.

Hæc levis Notula ♩ quæ fit celeriter ad libitum, (gallicè port-♩ de-voix,) confert ad vocem jucundè transferendam. Quæ forma decorè servari potest in simili transitu. Deo nostro sit jucunda decoraque laudatio.

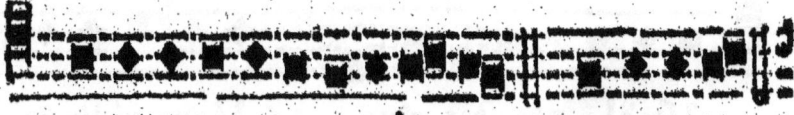

11. ante luciferum genui te. 12. genui te.

Tabula Tonorum.

13. ordinem Melchi-sedech. 14. Melchisedech.

15. & exaudi- vit me. 16. & exaudi- vit me.

17. & exaudivit me. 18. loquebar pacem de te.

19. pacem de te. 20. pacem de te. 21. & Spiri-

tui sancto. 22. & Spiritui sancto. 23. &

Spiritui sancto. 24. In exitu Israël de

Ægypto: domus Jacob de populo barbaro.

25. Facta est Judæa sanctificatio ejus:

Israël potestas ejus. 26. Mare vidit &

fugit: Jordanis conversus est retrorsum. &c.

27. A facie Domini mota est terra: 28. à fa-

cie Dei Jacob. 29. Et protector eorum est.

30. Adijciat Dominus super vos:

In præscriptis Exemplis 9. 11. 12. brevis penultima dictionis genui, eadem fit cum sequente syllabâ, modo subsequatur dictio monosyllaba; ita ut quinque servanda sint ad finem syllabæ.

In Exemplis 10. 13. 14. ultima dictionis penultima brevis eadem fit cum sequente syllabâ, ita ut etiam quinque sint ad finem syllabæ.

In Exemplis 15. 16. 17. ultima syllaba dictionis eadem fit brevis cum sequente monosyllabâ terminante.

In Exemplo 24. Cantus hic proprius essentialiter est primi Toni.

In Exemplis 25. 26. 27. ultima dictionis nunquam attollitur, nec ulla brevis, ideo præcedens syllaba.

In Exemplo 28. Dissyllaba cujuscunque dictionis etiam Habraicæ prior syllaba semper censetur longa,

Jācob, Dāvid, Siōn.

In Exemplis 29. & 30. *ultima dictionis ante monosyllabam sit brevis.*

Eodem modo, proportione servatâ, censendum est de alijs Exemplis, ac cæteris paribus in reliquis Tonis.

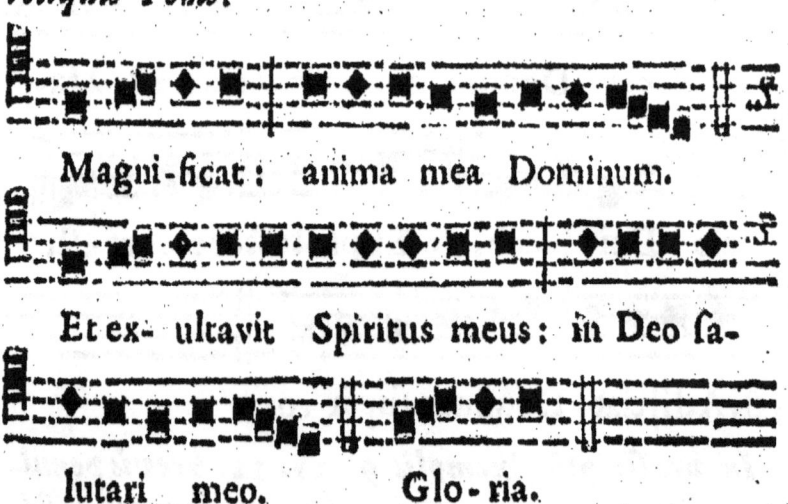

Magni-ficat: anima mea Dominum.

Et ex- ultavit Spiritus meus: in Deo sa-lutari meo. Glo-ria.

Et sic omnes Versus Canticorum Magnificat *&* Benedictus, *quæ quidem graviter cantantur in Dominicis & Duplicibus Festis. Sed in Officio semiduplici ac feriali, Intonatio fit primi Versûs tantùm, directè cæterorum, qui & mediantur communiter ac de cætero juxta Regulas præscriptas ut Psalmi. Finis autem ut notatur ad Antiphonas. Quæ omnia pariter observanda sunt in cæteris Tonis.*

SECUNDI TONI.

Dixit Dominus Domino meo: Sede à dextris meis.

Tabula Tonorum.

Mediationis & finis Exempla.

Dictiones Hebraica indeclin.   monosyllaba.

ex Sion: David: locutus sum:

penultima brevis.

& Filio: genui te.   Melchisedech.

Intonatio.

& exaudivit me. pacem de te.   Domine.

Ma- gni- ficat: anima mea Dominum.

Et exul- tavit Spi-ritus me-us: in Deo

salutari   meo.

Intonationis & Mediationis Exempla.

Quia fe- cit mihi magna qui potens est:

De-po- suit poten-tes, &c. E- su- rientes.

Tabula Tonorum. 181

Gloria Patri. Benedictus Dominus Deus Israël: ex inimicis nostris: Ad faciendam. In sanctitate. Altissimi vocaberis: Per viscera. Illuminare.

TERTII TONI.

Dixit Dominus Domino meo; Sede à dextris meis. Donec ponam inimicos tuos: scabellum pedum tuorum. Sæculorum amen. e. u. o. u. a e. Domine. Magnificat:

Et ex- ultavit Spiritus meus. *Fines ut supra vel infra.*

Ad Mediationem tres Notæ regulariter in directum sequuntur Notam quæ attollitur. Sed pro varia syllabarum qualitate sequuntur diversa Mediationis ac Terminationis Exempla.

& cognovisti me : Dominus ex Sion : † *Ultima dictionis nunquam attollitur,* nec ulla brevis, ideo præcedens syllaba Do-

luciferum ge- nui te.   genui te.

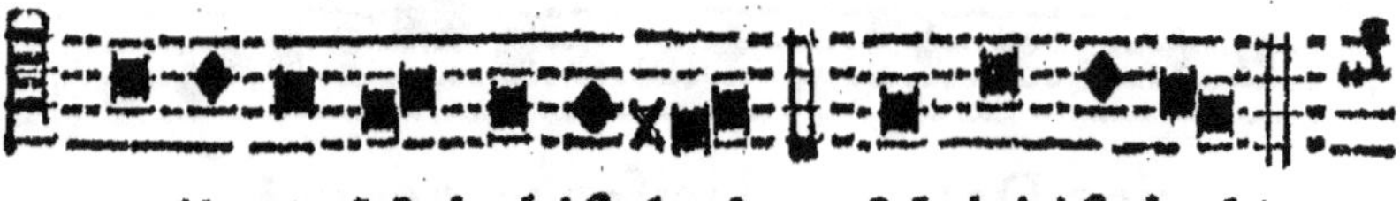

ordinem Mel-chisedech.   Melchisedech.

congrega-tione.   † *i breve semper ante vocalem longam.*

congregatio- ne.   congregatio- ne.

timentibus se.

Tabula Tonorum.

& Spiritui sancto. Magnificat:

Et exultavit Spiritus meus: *Fines ut supra.*

omnes generationes. & exalta-

vit humiles. Gloria.

QUINTI TONI.

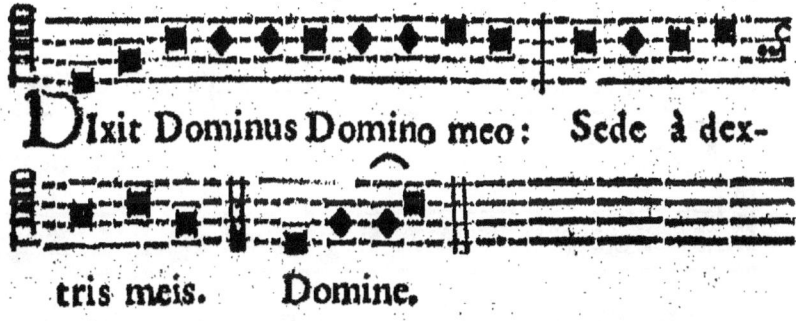

DIxit Dominus Domino meo: Sede à dextris meis. Domine.

Exempla Mediationis eadem ac secundi Toni. Sequuntur varia finis Exempla.

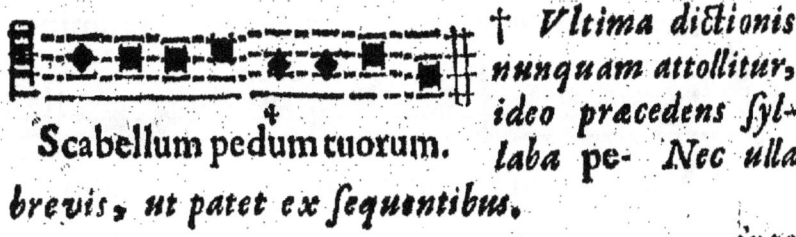

Scabellum pedum tuorum.

† *Ultima dictionis nunquam attollitur, ideo praecedens syllaba* pe- *Nec ulla brevis, ut patet ex sequentibus.*

ante

Tabula Tonorum. 185

ante luciferum genui te. ordinem Melchi-

sedech. diligentibus te. Magni-ficat:

Et ex- ultavit spiritus meus: in Deo salu-

tari meo.

SEXTI TONI.

DIxit Dominus Domino meo: Sede à dex-

tris meis. luciferum genui te. ordinem

Mel-chisedech. congregatio- ne. Domine.

Magni-ficat: anima mea Do-minum.

R

Tabula Tonorum.

Et ex- ultavit spiritus meus: in Deo salu-

tari me-o. Glo- ria.

SEPTIMI TONI.

DIxit Dominus Domino meo: Sede à dex-

tris meis. e. u. o. u. a. e.   e. u. o. u. a. e.

e. u. o. u. a. e. Do-mine. Dominus ex

Sion: Patri & Filio:

† *Ultima dictionis non attollitur; nec ulla brevis, ideo præcedens syllaba.*

quod locutus sum: pedum tuorum. lucife-

rum genui te. ordinem Melchisedech.

Tabula Tonorum. 187

congregatione. Ma-gnificat: anima mea Dominum. Et ex- ultavit spiritus meus: in Deo salutari meo. Qui-a fecit mihi magna qui potens est: Altissimi vocaberis: Oriens ex alto. Glo- ria.

OCTAVI TONI.

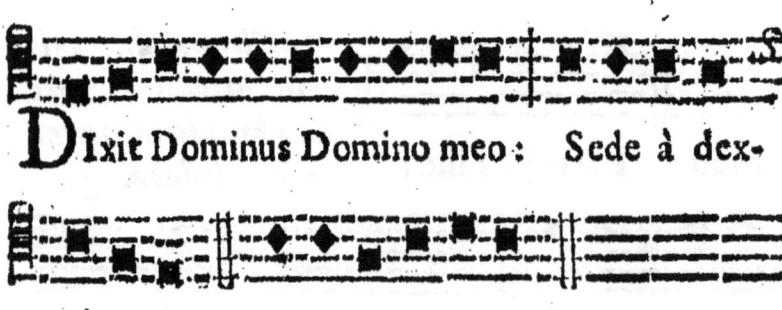

Dixit Dominus Domino meo: Sede à dextris meis. e. u. o. u. a. e.

Intonationis & Mediationis Exempla eadem ac secundi Toni. Sequuntur varia Terminationis Exempla.

R ij

188 Tabula Tonorum.

luciferum genui te. luciferum genui te.

ordinem Melchisedech. ordinem Melchisedech.

congregatione. congregatio- ne. sæcu-

lum sæculi. sæculum sæculi. Ma- gni-

ficat: ani... ominum. Et exul- ta-

vit spi-ritus m... Deo salutari meo.

Intonationis & Mediationis Exempla sicut in 2. Tono.

CANTUS

CANTUS ECCLESIASTICI.

LITANIÆ de Sanctissimo Sacramento.

Kyrie eleyson, Christe eleison, Kyrie eleison. Christe audi nos, Christe exaudi nos. Pater de cælis Deus, miserere nobis. Fili Redemptor mundi Deus, miserere nobis.

Et sic semper respondet Chorus hisce duobus modis alternatim.

Litaniæ de Sanctissimo Sacramento.

Spiritus sancte De-us, mi. Sancta Trinitas unus De-us, mi. Panis vivus, qui de cæ-lo descendisti, Deus absconditus & Salva-tor, Frumentum electorum, vinum germinans germinans vir- gines, Panis pinguis & deliciæ deliciæ Re-gum, Juge sacrificium, oblati-o mun-da, Agnus absque macula, Mensa purissima, Angelorum es- ca,

Litaniæ de Sanctissimo Sacramento. 191

Manna abscon-ditum, Memoria mirabilium De-i, Panis super-substanti-a-lis, Verbum caro factum, habitans in no-bis, hostia hostia san-cta, Calix benedi-ctio-nis, miste-rium fi-dei, Præcelsum & venerabile Sacramen-tum, sacrificium om-nium sanctis-simum, Vere propitiatorium pro vivis & defunctis, cæleste antidotum

192 Litaniæ de Sanctissimo Sacramento.

quo à peccatis præservamur, Stupendum

supra omnia mira- culum, sacratissi-

ma Passio- nis commemora-tio,

Donum transcendens transcendens omnem pleni-

tu- dinem, Memoriale præcipuum

divini amo- ris, divinæ affluen-

tia largita- tis, Sacrosanctum &

augustissimum myste- rium, Pharma-

cum immortalita- tis, tremen-dum ac vi-
vificum

Litaniæ de Sanctissimo Sacramento. 193

vificum Sa- cramen-tum, Panis omni-
poten- tia Verbi caro fa-ctus, incru-
en- tum sacrificium, Cibus & convi-va,
Dulcissimum convivium cui assistunt
Angeli ministran-tes, Sacramen-tum
pietatis, Vinculum charitatis, offe-
rens & oblatio, Spiritua- lis dul-
ce-do in proprio fonte degusta- ta,
Refectio anima- rum sancta-rum,

S

194 *Litaniæ de Sanctissimo Sacramento.*

Viaticum in Domino morientium,

Pignus futuræ gloriæ, Agnus Dei,

qui tollis peccata mundi, Parce nobis

Domine. Agnus Dei, qui tollis peccata

mundi, Exaudi nos Domine. Agnus Dei,

qui tollis peccata mundi, miserere nobis.

LITANIÆ
de Sanctissimo nomine Iesu,
eodem ferè Cantu quo supra.

Kyrie eleison, Christe ele-

Litaniæ de Sanctissimo Nomine Iesu. 195

...ison, Kyrie eleison. Jesu audi nos, Jesu exaudi nos. Pater de cælis Deus, miserere nobis. Fili Redemptor mundi Deus, miserere nobis. Spiritus sancte Deus, Sancta Trinitas unus Deus, Jesu Fili Dei vivi, Jesu splendor Patris, Jesu candor lucis æternæ, Jesu Rex gloriæ, Jesu Sol justitiæ, Jesu Fili Mariæ

S ij

196 Litaniæ de Sanctissimo Nomine Iesu.

Litaniæ de Sanctissimo Nomine Iesu. 197

198 Litaniæ de Sanctissimo Nomine Iesu.

Jesu lumen Confesso-rum, Jesu puri-tas Virginum, Jesu corona Sanctorum omnium, Agnus Dei qui tollis pecca-ta mundi, Parce no-bis Je-su. Agnus Dei qui tollis pecca-ta mun-di, Exaudi nos Je-su. Agnus Dei qui tollis peccata mun-di, misere-re nobis Je-su.

199

Litaniæ de B. Virgine Maria.
I. Cantus.

Kyrie elei-son, Christe e-leison, Kyrie elei-son. Christe au-di nos, Christe exau-di nos. Pater de cæ-lis Deus, misere-re no-bis. Fili Redemptor mundi Deus, misere-re no-bis. Spiritus sancte De-us, misere-re no-bis. Sancta Trinitas unus De-us, misere-re no-bis. Sancta Mari-a, ora pro no-bis.

206 *Litaniæ de B. Virgine Maria.*

Sancta Dei ge-nitrix, ora pro nobis.

Sancta Virgo Vir-ginum, ora pro nobis.

Mater Chri-sti, ora pro nobis. Mater di-

vinæ gra-tiæ, ora pro nobis. Mater

puris-sima, ora pro no-bis. Mater cas-

tis-sima ora pro nobis. Mater invio-

la-ta, Mater intemera-ta, Mater

ama-bilis, Mater admira-bilis,

Mater Creato-ris, Mater Salvato-ris,
Virgo

Litaniæ de B. Virgine Maria. 201

Litaniæ de B. Virgine Maria. 103

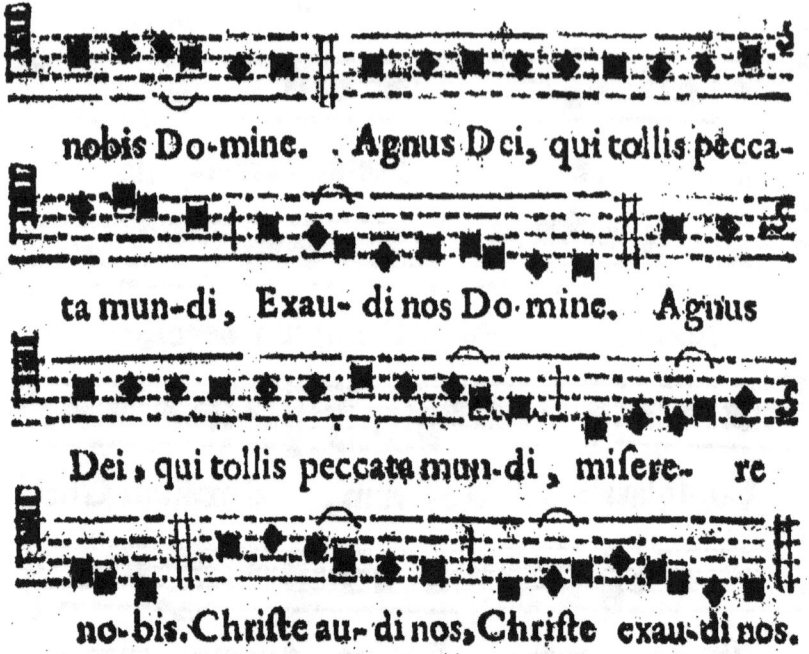

nobis Do-mine. Agnus Dei, qui tollis pecca-ta mun-di, Exau- di nos Do-mine. Agnus Dei, qui tollis peccata mun-di, misere- re no-bis. Christe au- di nos, Christe exau-di nos.

Litaniæ de B. V. Maria.
2. Cantus.

Kyrie ele- yson, Christe e-leyson, Kyrie eleyson. Christe au- di nos, Christe exaudi nos. Pater de cælis Deus, miserere nobis. Sancta

T ij

204 *Litaniæ de B. V. Maria.*

Litaniæ de B. V. Maria.
3. *Cantus.*

Litaniæ de B. V. Mariæ. 205

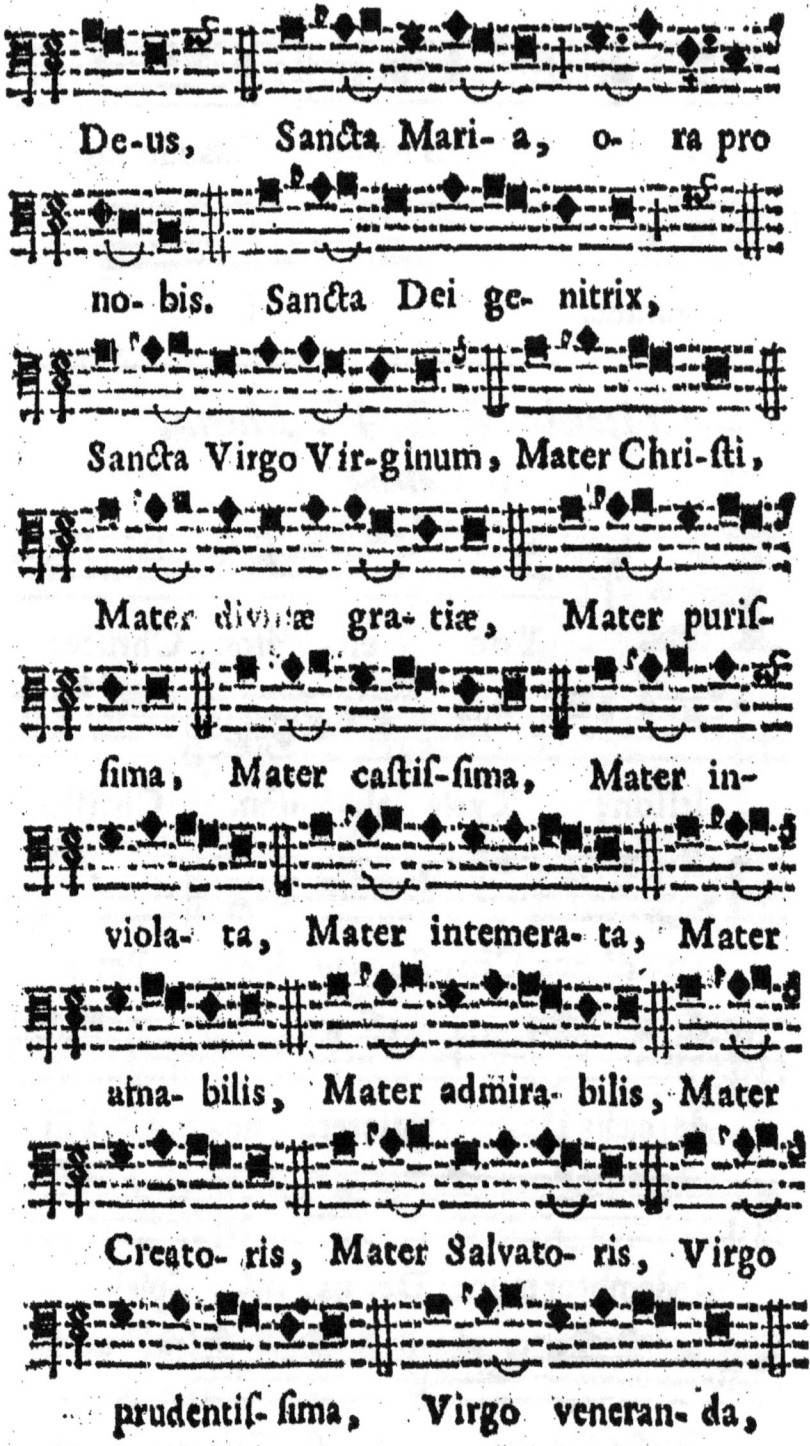

De-us, Sancta Mari- a, o- ra pro

no- bis. Sancta Dei ge- nitrix,

Sancta Virgo Vir-ginum, Mater Chri-sti,

Mater divinæ gra- tiæ, Mater puris-

sima, Mater castis-sima, Mater in-

viola- ta, Mater intemera- ta, Mater

ama- bilis, Mater admira- bilis, Mater

Creato- ris, Mater Salvato- ris, Virgo

prudentis- sima, Virgo veneran- da,

206 *Litaniæ de B. V. Maria.*

Virgo prædicanda, Virgo potens, Virgo clemens, Virgo fidelis, Speculum justitiæ, Sedes sapientiæ, Causa nostræ lætitiæ, Vas spirituale, Vas honorabile, Vas insigne devotionis, Rosa mystica, Turris Davidica, Turris eburnea, Domus aurea, Fœderis arca, Janua cæli, Stella matutina, Salus in-

208　*Litaniæ de B. V. Maria.*

Dei, qui tollis pecca- ta mun-di, Ex- audi nos Do-mine. Agnus Dei, qui tollis pec- ca- ta mun-di, miserere no- bis. Chri-ste au- di nos, Chri-ste exau- di nos.

Ad Modulationem variandam Chorus aliquando respondet huic tertio Cantui, sumendo suos omnes Versus de subsequenti Cantu.

Litaniæ de B. V. Maria.
4. Cantus.

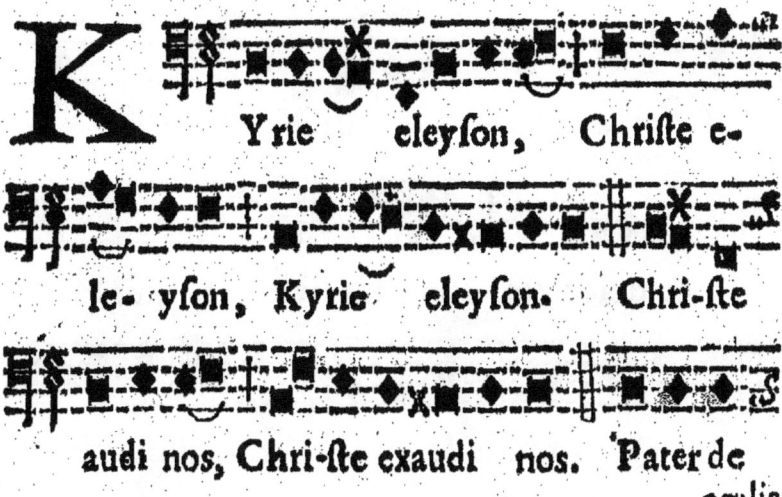

Kyrie eleyson, Christe e- le- yson, Kyrie eleyson. Chri-ste audi nos, Chri-ste exaudi nos. Pater de cœlis

Litaniæ de B. V. Mariæ. 209

cœlis De-us, miserere nobis. Sancta

Mari- a, o- ra pro nobis. Sancta Dei

genitrix. Ma-ter Chri-sti. Fœ-deris ar-ca.

PLANCTVS DOLORIS,
de B. Virgine Maria.

Tabat mater doloro- sa, Juxta

Crucem lachrymosa, Dum pendebat fi- lius.

CUjus animam gemen-tem, Contristantem

& dolentem, Per-transivit gla- dius.

O Quam tristis & affli- cta Fuit illa
V

Planctus doloris, de B. V. Maria.

benedicta Mater unige- niti.

Quæ mœrebat & dolebat, Et tremebat cum videbat Nati pœnas inclyti.

Quis est homo qui non fleret, Christi matrem si videret In tanto supplicio?

Quis posset non contristari, Piam matrem contemplari Dolentem cum filio?

Pro peccatis suæ gentis Vidit Jesum in tormentis, Et flagellis subditum.

Vidit suum dulcem natum, Morientem desolatum, Dum emisit spiritum.

Eia mater fons amoris, Me sentire vim doloris, Fac ut tecum lugeam.

Fac ut ardeat cor meum, In amando Christum Deum, Ut sibi complaceam.

Sancta Mater istud agas, Crucifixi fige plagas Cordi meo valide.

Tui nati vulnerati, Tam dignati pro me pati, Pœnas mecum divide.

Fac me vere tecum flere, Crucifixo condolere, Donec ego vixero.

Juxta crucem tecum stare, Te libenter sociare, In planctu desidero.

Virgo virginum præclara, Mihi jam non sis amara, Fac me tecum plangere.

Fac ut portem Christi mortem, Passionis ejus sortem, Et plagas recolere.

Fac me plagis vulnerari, Cruce hac inebriari, Ob amorem filij.

Inflammatus & accensus, Per te Virgo sim defensus In die judicij.

Planctus doloris, de B. V. Maria.

Fac me cruce custodiri, Morte Christi præmuniri, Confoveri gratia.

Quando corpus morietur, Fac ut animæ donetur Paradisi gloria.

℣. Tuam ipsius animam doloris gladius pertransivit.
℟. Ut revelentur ex multis cordibus cogitationes.

Antiphonæ B. Mariæ Virginis,
ad variationem Antiphonarij.

Alma Redemptoris mater, Quæ pervia cæli porta manes, Et stella maris, succurre cadenti, surgere qui curat populo: Tu quæ genuisti, natura mirante, tuum sanctum genitorem, Virgo prius ac posterius, Gabrielis ab o-

Antiphonæ B. Mariæ Virginis. 213

Ora pro nobis De- um, al- lelu- ya.

SAlve Regi- na, Mater misericor- diæ:

vita, dulce- do, & spes nostra sal- ve. Ad te

clama- mus exules filij E- væ: ad te suf-

pira- mus, gementes & flen- tes in hac lachry-

marum val- le. Eia ergo Advocata no- stra,

illos tu- os misericor- des oculos ad nos

conver- te. Et Jesum be- ne- di- ctum fructum ven-

tris tu- i, nobis post hoc exilium osten- de.

214 *Antiphona B. Mariæ Virginis.*

O cle-mens, ô pi- a, ô dulcis Virgo Mari- a.

AD SALVTEM,
Antiphona de Sanctissimo Sacramento,
in spiritu & forma Cantus Gregoriani.

Quam magnifica- ta sunt

opera tu- a Do- mine! Nimis profundæ

factæ sunt cogita- tio- nes tu- æ. Atten-

dite mi- rabilia quæ fe- cit De-us ex-

cel-sus Redem-ptor no-ster: veni- te, & vide-

te opera De- i super fi- lios ho- minum.

Antiph. de Sanctissimo Sacramento. 215

Panem cœ-li de-dit e-is, panem Angelo-rum manduca-vit ho-mo, cibaria mi-sit in abundan-tia. Gratias De-o super  inenarra-bi-li do-no e-jus.

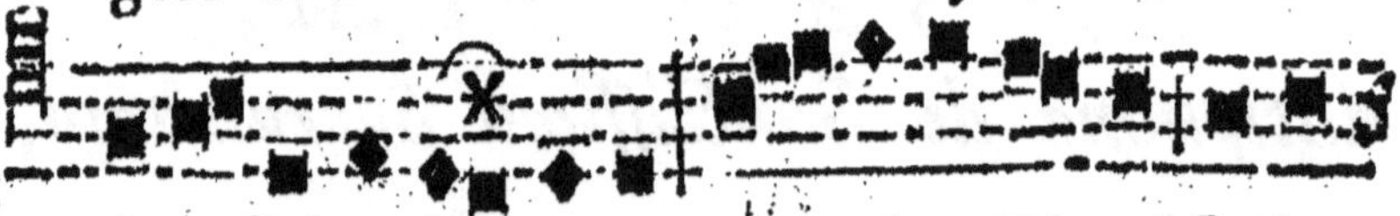

℣. Panem de cælo præstitisti eis.
℟. Omne delectamentum in se habentem.

Antiphona B. Mariæ Virginis.

O Ma-ter amantis-sima! dic obsecro, quod Ma-ter no-stra sis, ut bene nobis  sit pro-pter te, & a-nima no-stra vi-vat ob gloriam tu- i.

℣. Ratione temporis variatur.

Pro Rege.

Domine Domine salvum fac Regem: Et exaudi nos in di- e qua invocaverimus te. Gloria Gloria Patri & Fi- lio, & Spiri- tui san-cto. Sicut e- rat in princi- pio, & nunc & sem- per: Et in sæcula sæculorum, a- men.

℣. Fiat manus tua super virum dexteræ tuæ.
℟. Et super filium hominis quem confirmasti tibi.

PARISIIS,
Sumptibus, operâ, & studio G. G. NIVERS, Capellæ
Regis Christianissimi Organistæ, necnon Musices
Reginæ Christianissimæ Præfecti.
M. DC. LXXXIII.
Cum Approbatione & Privilegio Regis.

Ex Typographia CHRISTOPHORI BALLARD, unici
Regiæ Musicæ Typographi.

Contraste insuffisant

NF Z 43-120-14

www.ingramcontent.com/pod-product-compliance
Lightning Source LLC
Chambersburg PA
CBHW071940160426
43198CB00011B/1474